유아 다문화교육의 이해

- 이론과 실제 -

성용구 · 송의열 · 정혜승

태영출판사

머리말

우리나라는 1990년대 중반부터 국제결혼이 증가하기 시작하여 2000년대 중반부터는 전체 결혼건수의 10% 이상을 차지한다. 다문화 가정 자녀의 연령별 현황을 조사해 보면 만 6세 이하 유아의 비율이 약 60%에 해당할 정도로 유아의 비율이 절대적인 다수를 차지하고 있다.

그런데 다문화 가정 아동의 교육 수혜 현황을 살펴보면 만 6세 이하 아동의 50% 이상이 제대로 교육을 받지 못하고 있을 만큼 심각한 상황이다. 그리하여 2012년부터 부분적으로 시작한 정부의 누리과정 지원이 2013년부터는 0-5세의 아동들에게 전면 무상교육을 실시하기로 하여 교육비를 지원하기 시작하였다. 이렇게 유아교육의 중요성은 누리과정의 지원으로 더욱 확연하게 나타나고 있으며 다문화 가정의 심각성도 자각하여야 한다.

어린이집 표준보육과정과 유치원 교육과정으로 이원화되어 운영되어 오던 유치원 교육과정도 누리과정으로 통합되어 공통으로 적용하게 되었다. 2012년 만 5세 아동을 대상으로 실시한 누리과정이 2013년도부터는 3-4세까지 확대 실시하였다. 따라서 이 책에서는 새롭게 통합적으로 적용되는 누리과정의 교육과정에 따라 다문화교육의 내용과 수업의 실제를 다루었다.

제1부는 유아 다문화교육의 이론적인 부분으로 성용구 교수가 집필하였으며, 제2부는 유아 다문화교육의 실제적인 부분으로 송의열 교수와 정혜승

교수가 집필하였다.

제1부에서는 유아 다문화교육의 기초 이론으로 유아 다문화교육의 특성과 필요성, 교육목적, 교육내용, 교육방법, 교육평가, 담당교사의 자질 그리고 교실 환경에 대하여 다루었다.

제2부에서는 유치원 현장에 다문화교육 프로그램을 개발하여 실제로 적용하여 나타난 결과를 바탕으로 자료를 조직하였다. 이러한 자료들을 유치원에서 다문화교육 활동의 실제에 도움을 주기 위하여 누리과정의 5개 영역을 포함하여 학습주제별로 제시하였다.

제2부에서 다문화 프로그램을 유치원 교육활동에 실제로 적용하고 나타난 성과를 살펴보는데 큰 도움을 준 조이풀스쿨유치원 김은혜 선생님, 한국영상대학교부설유치원 김은옥, 이고은 선생님께 많은 고마움을 전한다.

2013. 6.

저자 일동

차 례

제1부 유아 다문화교육의 이론

제2부 유아 다문화교육의 실제

제 1 부

유아 다문화교육의 이론

제1장

유아 다문화교육의 이해

1. 다문화 가정과 유아의 권리
2. 유아 다문화교육의 필요성
3. 유아 다문화교육의 특성

1. 다문화 가정과 유아의 권리

1) 다문화 가정 유아의 권리

1990년대 중반부터 증가한 우리나라의 국제결혼은 2004년부터 전체 결혼 건수의 1/10 이상을 차지한다. 국제결혼으로 이루어지는 다문화 가정의 증가는 다문화 가정의 유아의 증가를 가져오며 이에 대한 대책과 연구가 요구된다. 다문화 가정 자녀의 연령별 현황을 조사해 보면 만 6세 이하 유아의 비율이 약 60%에 해당한다.

다문화 가정 아동의 교육 수혜 현황을 살펴보면 만 6세 이하 아동의 50% 이상이 제대로 교육을 받지 못하고 있는 실정이다. 2013년부터 정부에서는 0~5세의 아동들에게 전면 무상교육을 실시하기로 하였으며, 교육비를 지원하기 시작하였다. 그만큼 유아들을 위한 교육이 국가의 중요한 책무라는 인식에서 연유한다. 우리는 다문화 가정 유아의 교육을 '유아의 권리' 차원에서 접근할 필요가 있다. 유아의 권리는 세계가 인정하는 협약이며 법적 구속력이 있는 합의로써 국가 간 표준으로 제정된 합법적인 문서 내용이다. 세계의 각 국가들은 이 비준에 의해 유아 권리에 관한 협약사항을 준수해야 하고 그에 준하는 구속력 있는 법률을 재정해야만 한다(Castelle, 1990). UNICEF 자문재단인 PI(Plan International)는 유아의 권리를 아래와 같이 생존, 보호, 발달의 세 범주로 구분하였다(Castelle, 1990).

(1) 생존의 권리(The Right to Survival)

적절한 음식, 깨끗한 물, 주거지 등의 기본적인 보건을 통하여 생존할 권리이다.

(2) 보호의 권리(The Right to Protection)

학대, 방치, 착취, 전쟁기간 동안 특별한 보호를 받을 권리이다.

(3) 발달의 권리(The Right to Develop)

안전한 환경에서 차별의 염려가 없는 교육, 놀이, 건강관리, 그리고 사회적, 경제적, 종교적, 정치적 생활에 참여하는 기회를 통하여 발달할 권리이다.

UN은 1959년 「유아의 권리에 관한 선언」을 다음 〈표 1-1〉과 같이 공포하였다.

표 1-1 유아의 권리 선언

아이들에게는...
- 애정, 사랑, 이해에 대한 권리
- 주거, 영양, 건강, 의료보호에 대한 권리
- 무상교육 및 유아 자신의 문화가 반영된 교육을 받을 권리
- 놀이할 권리
- 이름과 국적에 대한 권리
- 장애에 대해 적절히 지원받을 권리
- 전쟁과 재난 시기에 우선적으로 구조받을 권리
- 사회의 유능한 구성원이 되고 개인의 능력을 개발시킬 권리
- 방치, 잔인, 학대로부터 보호받으며 양육받을 권리

- 차별을 조장할 수 있는 어떠한 관습으로부터 보호받을 권리
등의 권리가 있다.

출처 : Swiniarski, Breiborde & Murpy(1999). Educating the global village : Including the young child in the world.

유아의 권리 선언과 유아의 권리 두 서약은 다문화 가정 유아의 권리를 인정해야 하며 다문화 가정 유아의 교육을 의무적으로 지원하여야 한다는 것을 강조하고 있다.

2) 다문화 가정 유아의 권리 인식교육

유아들에게 권리는 책임이 수반되는 중요한 가치이다. 인간에게 권리와 책임은 민주사회를 살아가는데 필요한 사회적 가치이며, 어릴 때부터 가르쳐야 교육적 효과가 크다. 유아기에는 가정이나 유치원 혹은 어린이집에서 여러 가지 활동을 통하여 학습되어질 수 있으므로 유아기에서의 권리인식 교육이 중요한 것이다.

유아의 권리인식 활동은 인지적 학습과정 속에서 자신의 도덕성향 발달에 효과적이며, 타인과의 관계 속에서 권리와 책임을 동시에 학습한다는 점에서 사회성 발달의 측면에서도 중요하다.

박찬옥 외(2011, 188)는 과거에 비하여 유아들의 권리에 대한 인식이 한층 성숙되었다는 지적과 함께 유아의 권리인식 활동이 인간권리에 대한 도덕발달을 돕는다고 보았다. 또한 교실에서 권리에 관한 도덕적, 사회적 문제들을 또래와 교사들이 함께 이야기 나누고 토론하여 적정한 해결점을 도출해 낼 수 있으며 궁극적으로 유아 권리인식 활동의 목표는 실제 삶에서 모든 유아들이 공평한 결정과 행동을 인식하도록 하는 것이라고 보았다. 이러한 권리인식 활동을 통해 유아의 도덕과 인지적 수준이 발달될 것이며 권리인식 활동을 통해 유아들은 권리에 대한 의미를 찾아내고 권리 행동이 지니는

함축된 도덕적 의미를 이해할 수 있을 것이라 하였다. 유아들의 권리 옹호자가 되는 다섯 가지 방법에 대한 NAEYC(1996)의 권고사항을 소개하면 다음과 같다.

첫째, 유아를 대신하여 공개적으로 유아 권리에 대하여 말한다.
둘째, 가족이 아니더라도 모든 유아의 삶을 개선시키기 위해 노력한다.
셋째, 말뿐만 아니라 행동으로 권리에 대한 국가적 약속을 책임진다.
넷째, 유아들과 가족들을 위해 헌신하기를 장려한다.
다섯째, 다른 사람들도 함께 유아 권리 옹호자들이 되도록 설득한다.

유아의 권리인식을 길러주기 위한 교실에서의 활동은 다양하다. 박찬옥 외(2011, 186-187)는 교실에서 권리와 연관된 학습활동을 다음 〈표 1-2〉와 같이 제시하면서 권리를 교실에서 유아들에게 어떻게 가르칠 것인지에 대한 구체적인 설명을 하였다.

표 1-2 권리 주제활동

〈수 · 과학〉 퀼트설계 퀼트제작
〈언어〉 권리 큰 책 만들기
〈음률〉 권리 노래 만들기
〈조형〉 권리 벽화 제작
〈조작〉 권리 찾아 삼만리 게임
〈역할〉 권리 역할극

교실에서 유아 권리에 관한 주제를 전개할 때에 유아들은 권리에 관한 이전 경험들에 대해 이야기 나눌 수 있다. 유아의 생각을 언어적 혹은 비언어적으로 표현해 보거나 역할극을 해 볼 수 있으며 유아의 권리를 알리는

포스터 작업을 할 수 있다. 실제적인 유아의 권리에 대한 주제 전개는 모든 영역과 통합적으로 이루어질 수 있다. 수학활동으로 유아들은 인류의 다양성을 상징하는 평화 퀼트를 기하학적으로 설계하고 제작할 수 있다.

언어활동으로는 지구 모양의 큰 책을 대그룹 활동으로 제작할 수 있으며 유아들은 자신이 생각하는 유아의 권리에 대해 글과 그림으로 표상할 수 있다. 이야기 나누기 시간에는 유아의 건강과 안전한 생활, 공격적인 행동, 나눔과 순서지키기 등에 대해 다룰 수 있다. 또한 권리에 관한 동극 활동, 권리에 관한 구호나 권리에 관한 노래를 만들 수 있다.

연관 활동이 마무리될 즈음에는 결과물들을 모아 전시회를 하거나 관련된 포스터, 권리 벽화를 만들어 전시할 수 있다. 활동과정에서 교사들은 학부모들에게 소식지를 통하여 유아가 구성한 권리 내용에 대해 인근 교육기관, 지역사회, 관공서 및 관련 기관, 그리고 전문잡지 등에 적극적으로 알릴 수 있다. 가장 효과적인 것은 인터넷을 통하여 전세계의 유아들에게 권리에 관한 활동소감을 보내거나 슬라이드나 비디오를 제작하여 알릴 수 있다. 이는 국가를 넘어서 모든 사람과 교감할 수 있는 활동이다.

2. 유아 다문화교육의 필요성

유아기를 자아정체성의 뿌리가 형성되는 시기로 보는 Ramsey(2004, 134-136)는 유아 다문화교육의 필요성을 유아의 정체성에서 찾는다. 자아정체성의 발달은 청소년기의 과업으로 보이지만 유아기에 이미 자아정체성이 발견되기 시작한다는 사실을 부정할 수 없다. 어렸을 때 성인과의 경험이나

상호작용이 자신의 정체성을 형성하는데 주도적 역할을 한다. 부모, 보모, 교사, 동료와 같은 다른 사람들이 자신을 어떻게 보아주느냐에 따라 자아개념의 형성에 영향을 받고, 개인의 자아정체성 형성에 영향을 미친다.

또한 유아기는 문화적 · 민족적 정체성이 시작되는 시기로서 문화는 개인의 정체성이 형성되는데 중요한 요인으로 작용한다. 개인의 민족적 정체성이 그의 경험에 의하여 싹이 트지만, 아이들은 어릴 때의 문화적 관계와 인종집단을 인식하여 깨닫게 된다. 학교에 들어가기 전에 아이들은 자신이 어느 인종집단의 구성원인지 그 정체성을 알 수 있다는 연구가 있다. 그렇다면 어릴 때 문화적 정체감을 자극하는 것은 무엇인가? 가정에서의 경험과 가족 간의 상호작용이 그 시발점이 된다. 사실 가족 구성원들이 아동에게 문화집단의 한 부분으로 자신의 자아정체성 형성에 가장 큰 영향을 미치게 된다. 아동들에게 가장 본질적인 문화적 특성은 언어이며, 언어를 아주 어린 시기에 배운다.

언어를 가지고 의사소통을 하게 됨으로써 자신의 문화에 관련된 중요한 지식들을 획득할 수 있고, 나중에 유치원과 초등학교를 거쳐서 진취적으로 성장하게 된다. 4세가 되면 어떤 인종집단의 구성원으로서의 자신을 나타낼 수 있다. 8세쯤 되면 자신이 어떤 문화집단인지를 나타낼 뿐 아니라 다른 문화집단의 특성까지도 알아차릴 수 있다.

어린이들은 다양한 소스를 통하여 문화를 학습한다. 모든 문화에 공통적인 소스가 '이야기 들려주기'이다. 전통 이야기를 함께 나눔으로써 가문의 일화, 개인적 생활 사건, 그리고 문화적 가치관이 전달되며, 자기네 문화집단의 연대감이 길러진다. 도덕적 메시지가 담긴 이야기를 부모와 가족이 함께 공유함으로써 아동의 사회성 발달에 공헌할 뿐만 아니라 인종집단의 문화적 가치들을 전달할 수 있다. 전래동요나 민속음악도 아이들의 정체성 형성에 영향을 주는 어릴 때의 문화전수의 또 다른 예가 된다. 오랜 기간에 걸쳐서 이러한 문화적 요소들이 아동의 정체성을 발현하는 데 가치와 신념의 중요한 부분이 되었다.

한국에서 다문화교육의 가장 시급한 부분은 많은 구성원 비율을 차지하고 있는 유아를 대상으로 하는 다문화교육이라는 점을 앞에서 역설한 바 있다. 우리나라에서 유아들을 대상으로 하는 다문화교육의 필요성은 여러 학자들에 의하여 주장되고 있는데 대체로 유아의 측면, 다문화 가정의 측면, 교사 및 유아교육기관의 측면 그리고 국가와 사회의 측면에서 크게 네 가지로 접근하고 있다.

1) 유아의 측면

유아들에게 정체감을 길러 주고, 다양성을 인정함으로써 편견에 대항하는 능력을 길러 주며, 유아들 개개인이 갖고 있는 능력을 최대한으로 발휘하게 하는 것이 유아를 위한 다문화교육의 필요성이라 할 수 있다(김혜숙, 2011).

유아는 이미 24개월 이전에 타인과 구별되는 자아에 대한 인식을 하며, 만 2세가 되면 인종적 차이를 구분, 신체적 특징, 의상, 언어, 정치적 성향에 기초해 사람들 간의 유사성과 차이점을 지각한다. 이 시기에 유아는 다른 사람과 연관짓거나 분리해서 자아개념을 구성하고, 자율성을 시험해 보며, 의사소통을 하고, 감정이입과 우정을 나누는 경험을 하면서 다른 사람을 이해하기 시작한다. 그러므로 유아 초기는 다문화교육이 시작될 중요한 시점으로 제시된다(이현숙, 2000).

Derman-Sparks(1998)와 Hall과 Rhomberg(1995)는 다문화사회의 시대적 요구와 유아발달 측면에서 다문화교육의 필요성을 다음과 같이 제시하고 있다.

첫째, 모든 유아들이 자신의 정체성에 대해 긍정적으로 생각하도록 지도해야 한다. 이것은 이중문화권의 아이들에게 개인적인 정체감 및 집단의 정체감과 관련되는 우월감을 갖지 않고 자신감을 가질 수 있도록 지도해야 함을 의미한다.

둘째, 유아들이 다양성을 가진 사람들과 편안하게 감정이입적인 상호작용을 할 수 있도록 촉진시키는 것이다. 이는 유아들에게 사람들 사이에서 유사점과 차이점을 이해하고, 차이점에 대해 편견을 갖지 않도록 학습하도록 안내하는 것이다. 즉, 자기중심적인 생각은 점차 감소하고 다른 사람을 이해할 뿐만 아니라 반편견적인 상호작용을 할 수 있도록 해야 한다.

셋째, 유아가 편견에 대하여 비판적 사고를 할 수 있도록 도와야 한다. 이것은 자기 자신과 다른 인종, 성, 계층, 외모 등에 대한 고정관념과 차별을 확인할 수 있는 인지적 능력을 갖게 해야 한다는 것을 의미한다. 또한 편견이 상대방에게 고통을 준다는 것을 알게 하는 정서적 감정이입을 갖도록 해야 한다.

넷째, 유아가 편견에 대항하여 자신과 다른 사람을 옹호할 수 있는 능력을 갖도록 도와야 한다. 이는 사회적으로 수용되는 방법으로 생각과 감정을 표현하는 능력을 말하는 것으로 다른 유아나 성인이 자신에게 편견된 태도나 행동을 할 때 유아가 당당하게 말할 수 있는 여러 가지 방법을 학습하도록 돕는 것을 의미한다(김혜숙, 2011).

2) 다문화 가정의 측면

우리나라 다문화 가정 중 상당수의 아동이 취학하지 않은 채 방치되고 있다. 실제로 국제결혼 가정 자녀들 가운데 초등학교에 진학하지 않거나 중퇴한 아동은 10명 중 1명이며 중학교에 미진학 중퇴자는 10명 중 2명 정도로 추정된다.

다문화 가정 아동들의 문제는 이주 대상자별로 다르게 나타나는데 각 대상자별로 겪게 되는 문제를 설명하면 다음과 같다(성용구, 2009, 225-229).

이주근로자 가정은 공장이나 산업체가 많이 입주해 있는 도시 주변지역이

나 공단지역에 많이 분포되어 있다. 그들은 특히 한국말을 하지 못하여 다른 사람의 도움이 없이는 자녀들의 학교 입학을 하거나 전학을 스스로 해결하지 못한다. 이주근로자 자녀들을 입국 후 한 달 이상 장기간 학교에 입학시키지 않는 경우가 허다하다. 또한 부모들이 생계유지에 바빠서 자녀교육을 돌볼 여유가 없고 때로는 아이들에게 집안일을 담당하게 하여 학교 입학을 안 하는 경우도 있다.

이들에게 가장 큰 문제는 신분적 불안감에서 오는 스트레스와 저임금으로 인한 경제적 스트레스로 이러한 스트레스는 학교생활 적응과 학업수행에 부정적인 영향을 줄 수가 있다. 그러나 이주근로자 자녀들은 학업성취에 대한 욕구가 강하며 그들의 부모들 또한 자녀들에게 거는 기대가 높다고 한다.

최근에는 전국의 시 · 도교육청을 비롯한 지방자치단체 그리고 대학 등 교육기관에서 다문화 가정 자녀들에 대한 관심이 높아지고 있다. 양영자(2007)의 조사에 의하면 불법체류자 학생 수가 가장 많은 경기도교육청에서는 지역의 현실을 반영하여 2006년에 처음으로 안산 원일초등학교와 시흥시화초등학교에 '외국인근로자 자녀 특별학급'을 설치하여 1년차 연도 연구를 진행했고, 이후에도 연구가 지속되고 있다고 한다. 참여정부 교육복지 5개년 계획에 '외국인근로자나 자녀의 교육기회 확대'가 포함되어 각 시 · 도교육청에서는 '외국인근로자 자녀 교육기회확대'를 업무분장에 포함시키고 있다.

우리나라에서 국제결혼 가정은 초창기에는 주로 농어촌 지역에 많이 분포되어 있었지만 최근에는 도시에도 많이 살고 있다. 결혼이주여성 가정과 그 자녀를 대상으로 하는 교육은 미취학 자녀와 어머니에게 초점을 맞추고 있다.

시 · 도교육청에서도 결혼이주여성 가정에 대해 적극적인 관심을 기울이고 있다. 전북교육청은 결혼이주여성 가정의 도움계획을 통하여 일본어,

영어, 중국어, 베트남어를 구사할 수 있는 국제결혼 가정 교육전담팀을 구성하여 운영한다. 전라북도 전역의 초등학교마다 '온누리안 교실'을 개설하고, 다문화 가정 학부모 사랑방과 그 자녀들의 사랑방을 운영하고 있다(전북교육청, 2006). 광주교육청도 '다문화 가정 사회정착 지원사업' 위탁기관을 선정하고, 교육청과 지역인적자원개발센터가 연계하거나 지자체, 교육기관, 대학, 산업체, 연구기관, 시민단체, 언론 등이 연계하여 지역사회의 다문화 문제에 접근하고 있다(교육인적자원부, 2007).

1990년대 이후 북한사회에서 식량이 모자라 탈북자들이 늘어나기 시작하여 2012년에는 2만 5천명 정도에 이른다. 탈북자들의 대다수가 남한으로 망명 이주해 옴에 따라 새터민으로 명명되어 국가차원에서 관리되었는데, 이들 새터민은 같은 동포이기는 하지만 오랫동안 분단되어 살다보니 각기 다른 이질문화가 형성되어 이들이 남한사회에 정착하게 될 때 일종의 다문화 가정으로 볼 수밖에 없다. 새터민들은 같은 동포지만 여러 가지 사정상 일반학교보다는 일단 대안학교와 같은 곳에서 교육이 이루어질 수밖에 없다.

3) 교사 및 유아교육기관의 측면

교육의 성과는 교사가 좌우한다. 교사의 역할과 교사의 성실한 교육활동에 의하여 교육의 질이 결정되기 때문에 교육은 교사의 질을 뛰어넘을 수 없다. 초·중등 교육에 비하여 유아교육은 교사의 영향을 절대적으로 많이 받는다. 유흥옥(2011)은 유아들이 처음으로 집단생활을 하는 유아교육기관에서 교사의 역할을 강조하면서 유아 다문화교육의 필요성을 교사와 유아교육기관의 측면 시 다음과 같이 설명하고 있다.

유아들의 인종에 대한 태도는 자신에 대한 동일시를 반영하기보다는 사회문화적으로 접하는 정보, 지식, 가치관에 영향을 받는다고 하였다. 따라서 유아교육기관에서부터 유아가 속한 단일 문화뿐 아니라 세계의 다양한 문화를 편견 없이 수용할 수 있는 분위기 조성 및 프로그램 운영이 필요하다(장영희, 1997).

이를 위해서 교사는 먼저 자기 인식을 증진시키기 위한 노력과 동시에 다문화주의에 입각한 교육관 및 교육과정에 대한 관심이 필요하다. 이현숙(2000)은 다문화교육은 편견과 차별에 대항하는 능력을 기르는 것이 목적이므로 교사의 변화가 선행되고 기존의 교육과정과 교사와 아동의 상호작용 양상 등에 대한 점검이 요구된다고 하였다. 특히 교사의 자기 인식을 위한 노력은 교사의 생각을 명료화하게 하고 유아와 함께 다문화교육 활동을 할 때 방해가 되는 불안과 편견의 실체를 파악하도록 도울 수 있다고 하였다. 또한 다문화교육 활동은 하나의 이념과 태도에 머무르는 것이 아니라 모두가 자유를 공유하기 위한 실천까지를 포함한다고 하여 관점의 변화와 실천을 위한 노력을 요구하였다.

한석실(2008)도 다문화교육이 성공적으로 정착되기 위해서는 무엇보다 다문화교육을 수행하는 교사들이 교사 역할의 중요성을 깨닫고 이를 실천하는 것임을 강조하면서 교사들이 자신이 갖고 있는 문화적 편견을 명확하게 깨닫는 것에서부터 다문화교육이 시작되어야 하며 다문화에 대해 공정하고 편견 없는 태도의 모범을 보여야 함을 제안하였다. 그러므로 다문화교육이 성공하기 위해서는 교사들이 다문화교육을 전 교육과정에 통합하여 운영하고 다문화 교사매체를 효과적으로 사용할 수 있어야 함을 강조하였다.

문화가 점점 다양해지고 지구공동체로서의 가족이 탄생하는 현실에서는 단일 문화만을 고집하는 것이 능사가 아니라 문화의 다양성과 문화 차이를 인정하고 상호 존중과 상호 신뢰의 삶을 지향함으로써 삶의 질을 한층 더 향상시킬 수 있다(최관경, 2007). 즉, 세계화 시대의 다문화 사회에서 주체성을 가지고 능동적이고 융통성 있게 생활하기 위해서, 그리고 자기의 정체성을 지키고 다른 문화를 존중하는 마음과 자세를 기르기 위해서는 다문화교육이

중요하다는 것이다(최관경, 2007).

다문화 사회에서 유아교육이란 서로 다른 문화적 배경을 가진 유아들이 서로의 특성이나 가치를 인정하고 존중하면서 그 사회가 가지고 있는 나름대로의 공동의 목표를 달성할 수 있도록 또래집단 속에서 상호 교류하고 의사소통하는 것이다(Morrison, 1998; 김희태, 2001에서 재인용). 따라서 Bright(1996)는 다문화 사회에서의 교사는 서로 다른 문화를 가진 유아를 문화적 가치를 지닌 존재로 인식하고 유아들이 이를 학습할 수 있도록 교육의 내용을 구성할 필요가 있으며 또래집단 속에서 서로 다른 문화 가치를 인식할 수 있는 하나의 지대(zone)를 창출하고 이를 유아들이 인식할 수 있도록 노력해야 한다고 하였다.

4) 국가 및 지역사회의 측면

우리나라가 다문화 사회로 형성되어 가는 과정과 배경은 다른 나라들과는 같지 않다. 서구의 다문화 사회 형성이 한국에 비해 비교적 단순하고 역사가 긴 것에 비해 우리나라는 좀 복잡하고 단기적이다. 서구의 다문화 사회 형성은 국가 형성 초기부터 연합체로 시작하였거나 중간에 국가의 정책적 필요에 의하여 순수 이민정책의 도입으로 형성되었다면, 한국은 처음부터 단일민족으로 장기간 유지되어 오다가 갑자기 다문화 사회가 형성되어진 것이다.

'인종백화점'이라 불리는 미국은 1820년대부터 1960년대까지 140년간 3,450만 명의 이민을 받아들여 커다란 이민물결을 이루었으며, 이민 목적은 경제, 종교, 정치적 요인이 주를 이루었다. 유럽은 주로 자발적으로 이민이 생겨남으로써 다문화 사회로 이행하였으며, 아프리카에는 쇠사슬에 묶여서 강제로 이주해 온 경우가 많았다. 라틴 아메리카는 정복과 병합에 의하여 전쟁 인계 정치난민이 이주의 주요 원인이었으며, 아시아에는 노동자로 돈

벌이를 위하여 이주하였거나 난민자격으로 이주해 온 경우가 많다. 무슬림은 정치적, 사회적 불안 때문에 많은 이들이 이주를 택하게 되었으며, 이슬람의 경우는 종교적 실천의지로 인하여 이주해 오는 경우가 많다.

이에 비하여 우리나라는 독특한 역사적 상황과 정치 · 사회적 맥락에서 북한 탈출 이주민이 생겨났고, 조선족이 이주하게 되었다. 또한 도농격차라는 사회적 문제로 인한 '농어촌 총각 장가보내기'의 일환으로 결혼이주여성이 생겨나게 된 것이다. 그리고 산업현장에서 3D업종에 필요한 근로자를 확보하기 위하여 연수생이라는 명목으로 외국인근로자들이 입국하게 되었다. 이렇게 여러 가지 경로를 통하여 이주는 하였지만 이주자의 이주목적과 받아들이는 편에서의 생각이나 목적이 서로 달라서 여러 가지 문제가 야기될 가능성이 많으며 실제로 이러한 문제들이 나타나고 있다(성용구, 2009, 221-222).

시간이 갈수록 다문화 가정의 유아들이 늘어날 예정이다. 국가에서는 이들이 한국사회의 미래를 구축해 나갈 인재로 길러야 한다. 특히 다문화 가정의 유아들은 부모의 국가가 상이하므로 이중 언어의 학습과 외국문화의 체득이 다른 유아들보다 유리한 입장이다. 다문화 가정의 유아들은 글로벌 사회의 특성에 매우 잘 어울리는 환경을 가지고 있다.

따라서 국가에서는 다문화 가정의 아동들이 한국사회의 주체적 세력으로 양육되어 우리사회의 통합적 발전에 기여하는 인재로 양육할 뿐만 아니라 글로벌 사회에서 국제적 안목과 역량을 펼칠 수 있는 글로벌 인재로 양육하여야 할 것이다.

3. 유아 다문화교육의 특성

유아교육은 초·중등 교육과는 다르게 조기교육의 특성과 기초교육의 특성을 갖추고 있다. 또한 다문화교육은 일반 학교교육 안에서 다문화 가정의 아동과 가족 그리고 일반아동을 대상으로 통합적으로 이루어져야 한다. 유아 다문화교육의 특성을 박찬옥 외(2011, 49-55)는 다음과 같이 열 가지로 상세하게 설명하고 있다.

1) 기초교육으로써의 다문화교육

전통적으로 다문화교육은 사회교육 교육과정에 포함되었고, 유아기 연령의 교육과정 범주 안에서는 거의 다루어지지 않았다. 그러나 현행의 다문화교육의 정의는 사회교과 분야를 넘어 보다 총괄적인 의미를 가진다. 다문화교육은 학제적(學製的) 학문이며 여러 학문적 영역의 교과과정을 포함한다. 이는 개개인의 교육에 있어 학문 간 연계와 유아기 시기의 사고 촉진을 돕는다. 그러므로 오늘날 지구촌 삶을 살아가는 우리들에게 필수적인 기본 기술을 배양시킨다고 할 수 있다. 이러한 맥락에서 다문화교육은 기초교육이라고 할 수 있다(Evans & Myers, 1995). 이는 역사, 경제, 지리, 정치, 기술, 과학, 수학, 의사소통의 학문적 영역에서의 인지적 분야를 모두 포함하며, 공동체 삶에 대한 이해와 의사를 결정하는 데 필요한 소양을 배양하는 예술적 표현과 도덕적 발달도 포함한다. 이러한 기술들은 모든 교육과정에 있어 필수적이며 유아의 행동지도 측면에 있어서도 다문화교육을 기초교육으로 제공해야 한다.

2) 평생학습으로써의 다문화교육

사회이론가들은 유아들의 초기 사회교육에서 세계관 배양의 중요성을 강조한다. 교육학자이자 사회학자인 Elise Boulding에 따르면, 유아들은 현존하는 세계에 대한 배움의 권리를 갖고 있고 유아들이 세계에 대한 다양한 관점을 가지고 있어야만 사회에서 여러 가지 역할을 두루 경험해 볼 수 있다고 하였다.

Margaret Mead 역시 1950년대 자신의 저서에서 "교사는 끊임없이 변화하는 미래에 적응할 수 있는 교육을 해야 한다고 강조했다. 그러므로 효과적인 교육은 유아들에게 다문화교육을 가르치는 데서 시작되어야 한다(Swiniarski, et al., 1999)"고 했다.

유아들은 정규교육을 받기 이전에 많은 경험들을 하고 이를 토대로 나름의 가치관을 형성한다. 많은 연구자들이 이미 밝혀 낸 사실처럼 문화적 정체성과 태도는 영아기에 이미 형성된다. 또한 유아들은 점점 자라고 성장하는 동안 사회화 과정은 계속되고 그들의 가치관이나 태도는 유아 시기에 점점 더 고착된다. 즉, 만 9세 이전까지 형성된 인종에 대한 가치관은 특별한 일을 겪지 않는 한 지속된다(Derman-Sparks, 1993). 평생학습으로써의 다문화교육을 제공해야 하지만, 유아기의 다문화교육은 삶을 살아가는데 지속적으로 영향을 미침으로 평생학습의 기초차원에서 유아기 다문화교육은 중요한 의미를 지닌다.

3) 협력학습으로써의 다문화교육

다문화교육은 다양한 문화적 배경을 갖고 있는 유아들과 관계맺기 경험을 학습하는 과정 중심적인 교육과정을 통하여 세계 시민으로서의 유아의 역할

을 결정하도록 하는 가치관 형성에 영향을 미친다. 협력은 다문화교육의 보편적인 주제의 핵심으로 다문화교육의 교육과정은 학습자들이 국제적인 논쟁점을 규명하고 문제를 해결해 나갈 것을 요구한다. 유아들의 소그룹 활동은 다른 사람의 의견을 경청하고 존중하며 새로운 생각들을 나누고 행동 계획을 실행하게 해 준다. 이러한 협동적 접근은 유아들의 행복한 삶과 직결되며 유아들이 성장하면서 더욱 확장된다. 또한 다른 문화를 이해하기 위해 유아들은 자신의 문화에 대하여 알아야 한다. 우리는 다른 사람들과 함께 우리 자신을 비교하고 탐색하면서 자신에 대한 통찰력을 얻게 되고 협력학습 상황들은 동시에 나와 다른 사람 그리고 우리 문화와 다른 문화에 대한 가치관 형성에 영향을 미친다.

협동적 경험은 소그룹 활동만을 의미하는 것이 아니다. 예를 들어, 유아들은 그들의 부모나 전문가와 함께 국제단체에 관해 탐색해 볼 수 있다. 혹은 다문화 가정 출신 유아와 어머니(혹은 아버지)의 나라에 대해 학습해 보면서 그 나라에 대한 관습과 문화를 경험해 볼 수 있다. 또한 부모나 도움자와 함께 인터넷 혹은 방문자들을 통해 유아들은 세계평화, 안전한 환경, 공평, 평등과 같은 좀 더 성숙된 관심사를 경험해 볼 수도 있다.

다문화교육의 목표는 모든 연령의 학습자가 공동의 이익을 위한 세계적 이슈에 대한 관심을 갖고, 공익의 향상을 위해 노력하며, 세계적 자원의 보호를 위해 노력할 수 있는 동기부여를 하도록 하는 것이다. 이러한 목표는 협력학습 전략 안에서 효과적으로 배양할 수 있다.

4) 통합교육으로써의 다문화교육

'모두를 위한 교육의 국제연맹(The World Conference on Education for All)'은 모든 유아들이 국제적 쟁점에 대한 경험의 필요성을 강조하고 있으며 특히 취약계층의 유아들에 대한 통합을 강조한다. 즉, 육체적, 인지적, 정서적,

사회적 취약점을 갖고 있는 유아 및 부모들과 보편적 집단의 유아 및 부모들과의 통합을 강조하고 있다. 이러한 의미에서 다문화교육은 유아의 권리 이행과 추구에 있어 특별한 요구를 필요로 하는 유아들, 즉 취약계층 등 모든 유아들이 함께 통합하여 인생의 시작부터 동등한 교육을 실행해야 하는 것은 다문화교육의 기본 원리이기도 하다.

5) 사회적 행동을 위한 다문화교육

다문화교육의 전체적인 목적은 유아들 뿐 아니라 부모, 교사가 그들이 살고 있는 세계에 대해 사회적으로 책임감 있는 사람이 되도록 교육하는 것이다. 이런 공동체적이고 국제적인 책임감은 국제 시민으로서의 권리와 의무를 의미하며 권리의 보호를 위한 실천적 행동을 요구한다. 세계에서 일어나고 있는 일들에 대한 지식과 문제를 해결하기 위한 합리적인 해결책 탐색은 다문화교육의 내용과 틀을 구성하는데 기초가 된다. 또한 다문화교육의 사회적 행동 실행을 위한 규칙들은 무질서에 대한 평화적인 해결책, 다음 세대를 위한 세계적 자원의 보호, 모든 사회 구성원들을 위한 사회적 정의의 보증을 확신해 주는 실천적 방법들을 포함한다. 다문화교육은 평화교육은 아니지만, 세계시민화를 위한 조화, 평등, 정의라는 같은 공동의 목표를 포함한다. 평화교육에서처럼 다문화교육도 현명한 해결책을 찾고 혼란과 전쟁을 대체할 수 있는 경청기술이나 협상기술을 장려한다.

6) 경제교육으로써의 다문화교육

다문화교육에서 현재와 과거의 관심사 간의 차이는 경제부양에 기인한다. 세계은행은 상호의존성에 의해 연결된 사회를 구성하는 가장 좋은 예이다.

다국적 기업은 세계 곳곳에서 협력적으로 상호작용할 수 있는 동력의 필요성을 절실히 인식하고 있다. 기업의 고용인들은 기본적 기술능력을 잘 갖춘 노동자를 고용하길 원할 뿐만 아니라 세계의 다양한 민족들, 문화, 역동성에 대한 지식을 갖추고 있는 노동자를 원한다. 또한 기업은 편협적인 시각이 아닌 보다 개방적이고 유연한 세계관을 갖춘 개개인을 요구한다. 미래의 노동자는 국제 경제에 참여할 수 있는 협력적이고 협동적인 방법들을 활용할 줄 알아야 한다. 오늘날의 고용인들은 다언어 사용, 다양한 인식에 대한 개방성, 특정 분야 경력의 능숙함을 갖춘 이들에게 더 많은 가치부여를 한다 (Swiniarski, et al., 1999). 그들의 피고용인 직장에서의 변화는 한 분야에서의 전문가로부터 또 다른 분야의 전문가로서의 지식과 기술로 변화할 수 있는 유연성을 가진 사람을 요구한다. 미래의 국제 노동시장은 자기 자신의 가치를 이해하고 빈약한 자원을 보호하는 것이 노사협상의 중요한 역할을 할 것이다. 이는 미래 경제순환에 있어 계속적으로 중요한 핵심 요인으로 작용할 것으로 여겨진다.

특히 좀 더 나은 삶을 위해 타국에서의 직업을 갖고자 시도하기도 한다. 이런 현상은 동남 아시아 지역에서는 보편적으로 일어나고 있다. 예를 들어, 방글라데시 사람들은 더 나은 직업을 구하기 위해 한국의 노동시장으로 진출하기도 한다. 새보금자리에서 새로운 삶에 적응하면서 많은 다문화교육은 양육의 문제와 오랫동안 갖고 있던 가족의 전통과 새롭게 받아들인 사회적 기술과 방법 사이의 조화를 유지하는 데에도 결정적인 영향을 미친다고 할 수 있다.

7) 과학기술을 포괄하는 다문화교육

과학기술은 오늘날의 교육과정에서 다문화교육의 융합을 위한 또 다른 원동력이다. 컴퓨터는 다문화교육 프로그램의 좋은 수단이 된다. 현대의 유아들은 종종 놀이나 학습 시 컴퓨터를 사용하기 때문에 과학기술에 꽤 친숙한 편이다. 컴퓨터는 분석과 정보의 의사소통을 촉진한다. 말 그대로 컴퓨터의 사용은 손가락 끝으로 많은 정보수집을 가능하게 하였고 이러한 과학기술의 접근은 광범위하다. 이메일이나 화상회의와 같은 방식들은 전 세계의 유아들을 연결시킬 수 있으며 원거리 학습을 가능하게 한다.

많은 연구들이 유아들에게 있어서 텔레비전의 부정적인 영향력에 대해 기술하고 있지만, 다른 한편으로는 다양한 민족, 장소, 그리고 세계적 관심사에 대해 유아들이 쉽게 접근해 볼 수 있는 가능성을 제공하기도 한다고 지적하고 있다.

즉, 텔레비전이나 비디오를 통하여 유아들은 다큐멘터리, 드라마, 콘서트, 영화를 보고 세계를 여행할 수 있고 전세계의 유아들과 국제적 관심사를 공유할 수 있다. 그러한 매체는 구두나 시각 표현을 통하여 일차적으로 의사소통하는 유아들에게 발달적으로 적절한 활동으로 활용 가능하다.

8) 비판적이고 창의적인 사고를 요구하는 다문화교육

일반적으로 유아교육과정 접근은 세계관을 확장하는 전체적 접근으로 정의된다. 이 관점의 핵심은 비판적이고 창의적인 사고기술이라는 것을 간과할 수 없다.

Dewey가 '마음의 습관'이라고 명명한 것은 유아기가 결정적인 시기임으로 이 시기에 발달시켜야 한다는 주장에 근거하여 유아 다문화교육에서도 비판적이고 창의적인 사고를 생활화할 수 있도록 해야 한다. 다문화교육을 통해 유아들은 새로운 생각과 의견에 개방성을 가지고 정보를 분석하고 통합하며 자료를 비교하고 대조하고 의사결정을 하고 사건을 평가하고, 도덕적 책임을 형성하도록 격려받도록 해야 한다. 이 접근은 유아교사들이 다문화교육을 지적인 과정으로써 가치화시킬 때에 적용해야 하는 원리이기도 하다.

유아교사들은 세계에서 일어나는 일련의 사건들에 대한 정보를 알아야 하고 어떤 사건들이 유아들에게 더 중요한지 추려낼 수 있어야 하며, 무엇이 더 효과적인 교수-학습 과정인지에 관해 충분한 통찰력이 있어야 한다. 다문화교육에서 교사는 추상적이고 상투적인 것에서 벗어나 진정으로 세계에 대한 깊은 이해를 필요로 한다. 만약 유아들이 세계적 쟁점의 해결책이나 가능한 대체방법들을 획득할 필요가 있다고 교사가 가정한다면 이런 과제들을 교육현장에 적용할 수 있다. 이러한 과제는 비판적이고 창의적인 사고를 촉진할 수 있도록 하는 원리에서부터 전개될 수 있음을 주지해야 한다.

9) 다문화적인 관점의 다문화교육

문화적 인식은 다문화교육의 핵심 요소이다. 다문화교육은 연속체의 부분이며 세계를 지역 공동체로 바라본다. 이민이라든가 국제 경제, 과학기술의 발달, 교통의 발달, 국경을 초월한 시도들은 지구촌 사회의 출현에 영향을 주었고 전세계적으로 다문화적 인구의 수를 증가시키고 있다. 이제 어느 국가도 과거 수십 년 전 그랬던 것처럼 동족으로 구성된 나라는 그리 많지 않다. 다문화교육의 필요성은 이러한 다문화적이고 다인종적인 현상을 잘 반영한다.

Fortson과 Reiff(1995)는 사회인식에 대한 구조의 개방적 접근은 합리적으로 사고하기(Reasoning), 적절히 대응하기(Responding), 관련짓기(Relation) 그리고 책임(Responsibility)과 같은 '기본 R'에 근거하여 설명하고 있다. Fortson과 Reiff(1995)는 책임을 서로 연결된 개념, 대응능력, 대응하는 능력의 효력으로 해석한다. Fortson과 Reiff(1995)가 제시한 기본 R은 다문화교육의 효율성과 연계되어 있을 뿐 아니라 세계관은 이웃사촌, 교육기관과 가정의 다양성에 적절히 반응하고 대응하는 데 영향을 미치는 주요 요소이기도 하다.

지구촌은 다양성을 가진 이웃사촌이나 교육기관 그리고 가정들로 구성되어 있다. 그러므로 국제화 사회에서 보다 현명하고 즐거운 삶을 영위하기 위해서 유아들은 다른 사람 혹은 나라에서 사용하는 언어, 생활방식, 옷차림, 인종, 가치관의 차이점을 이해하고 적절히 대응하는 능력이 필요하다.

또한 국제입양과 국제결혼의 증가는 가족 구성원들 역시 다문화적이고 다인종적으로 구성되는 데 영향을 주었다. 유아들은 가족 구성원들 사이에서 차이점을 인식함으로써 우리 사회와 세계 사회 구성원들의 차이점을 인식할 수 있게 된다. 특히 오늘날의 유아들은 부모와 가족의 특성에 대해 더 잘 인식할 뿐 아니라 일반적인 가족 구성원과의 다른 점도 비교하여 인식할 수 있다. 이러한 다문화적 관점은 다문화교육의 기본 원리가 된다.

10) 도덕교육으로써의 다문화교육

다문화교육은 유아의 도덕영역을 발달시킨다. 즉, 다문화교육은 자신의 나라와 세계에 대해 책임을 질 수 있는 모범 시민의 자질인 윤리적 책임감 배양이 포함된다. 이는 자기 자신과 타인에 대한 특정 행동 적용을 고려한 가치체계 구축뿐 아니라 자신과 타인에 대한 의사결정에도 영향을 미친다. 다문화교육에서는 행동과 신념체계를 통하여 모범적인 도덕적 기초 역량을 배양할 수 있도록 해야 한다. 뿐만 아니라 다문화교육은 환경의 보호, 인권지지, 세계평화 지원에 관한 신념체계에 대한 토의 장을 마련해 주고 인성교육처럼 반성적 사고와 자기반성을 통해 보다 나은 지구촌을 만들어 갈 수 있도록 도덕관을 형성할 수 있다.

Ramsey(2004, 143)는 유아기에 신체적 차이의 인식을 하는 특성에 대하여 이렇게 밝히고 있다. 유아교육과정의 공통영역으로 색, 형태, 유형과 같은 것들을 인식하고 구별하는 능력을 담고 있다. 우리는 색과 형태의 세계에 살고 있으므로 색과 형태의 특징을 알아차리는 학습은 우리주변 세계를 발견하고 탐구하는데 중요한 방법이다. 바로 이러한 아동의 능력이 모든 사람은 똑같은 신체적 특징을 갖지 않는다는 사실을 알게 해 준다.

유아들은 피부색깔, 눈과 머리 색깔, 머리카락의 형태, 입술과 코의 형태, 장애를 포함한 신체적 차이들을 구별하여 인식하는 능력이 있다. 3세의 아이는 이러한 특성에 대하여 잘 알고 있음을 그들의 질문이나 말 속에 나타남을 볼 때 발견하게 된다. 아이가 태어나서 3세가 되기까지 특정 인종적 · 민족적 특징에 대한 인식의 발달이 완전히 확립되는 것은 아니지만 출생 후 36개월간의 사회생활 속에서 일어나는 인지적 구성과정에 강하게 작용한다는 주장을 할 수 있다. 아무튼 특정 인종이나 민족적 특징의 차이에 대한 인식이 가정과 사회적 환경에 의하여 영향을 받는다는 연구들이 많다(Banks, 1992; Bigler & Averhart, 2003; Katz & Kofkin, 1997; Robles de Melendez, 2000).

이상에서 살펴본 바와 같이 우리나라의 유아 다문화 가정의 비율이 점점 증가하고 있음에도 불구하고 유아를 대상으로 하는 다문화교육의 현실과 대책은 이에 부응하지 못하고 있는 실정이다. 특히 유아 다문화교육의 중요성에 비추어 볼 때 유아 다문화교육의 정책과 방법에 대한 연구와 개선책이 체계적으로 마련되고 수행되어져야 할 것이다.

제2장

유아 다문화교육의 목적과 목표

1. 유아교육이 추구하는 인간상과 목표
2. 유아 다문화교육의 목적
3. 유아 다문화교육의 목표

1. 유아교육이 추구하는 인간상과 목표

유아 다문화교육의 목적과 목표는 유치원과 어린이집에서 실행하는 교육이 추구하는 인간상에 기초하여 설정된다. 따라서 유아교육기관에서 추구하는 인간상과 교육프로그램의 목표는 서로 연결된다.

유치원교육과정에서 추구하는 인간상은 다음과 같다(교육과학기술부, 2009).

○ 전인적 성장의 기반 위에 개성을 추구하는 사람
○ 기초 능력을 토대로 창의적인 능력을 발휘하는 사람
○ 폭넓은 교양을 바탕으로 진로를 개척하는 사람
○ 우리 문화에 대한 이해의 토대 위에 새로운 가치를 창조하는 사람
○ 민주 시민 의식을 기초로 공동체의 발전에 공헌하는 사람

이와 같이 유아기에 전인적인 성장과 21세기의 세계화, 정보화 시대에 변화를 주도해 나갈 수 있는 적응력을 가진 사람, 편견 없이 모든 사람을 평등하게 받아들일 수 있는 개방성을 가진 사람으로 성장하도록 함이 유치원교육과정에서 추구하는 인간상이다. 더불어 유치원교육은 유아에게 알맞은 교육환경을 제공하여 유아를 교육하고 심신의 조화로운 발달을 돕는 것을 목적으로 한다. 이와 관련하여 유치원교육과정과 연계한 다문화교육 내용을 살펴보면 유아가 세계 속의 일원으로 다른 나라를 이해하고 존중하며 세계인과 더불어 살아가야 함을 강조하기 위하여 성, 인종, 민족, 장애, 사회계층 등에 대한 편견 없이 각각의 사람을 존중할 줄 아는 태도를 기르도록 하기 위해 여러 나라 사람의 다양한 생김새, 의식주 생활과 풍습 등을

살펴볼 수 있는 주제를 선정하여 다루고 있다(교육과학기술부, 2009).

교육과학기술부에서 제시하는 유치원에서 추구하는 인간상을 바탕으로 박찬옥 외(2011)는 다음과 같이 다문화교육 프로그램의 목표를 설정하였다.

- ○ 자기존중감과 함께 몸과 마음을 건강하게 하며 다양성을 이해하고 존중하는 태도를 기른다.
- ○ 다양한 문화에 관심을 가지며 더불어 생활하는 태도와 우리 전통문화를 사랑하는 마음을 가진다.
- ○ 자신의 생각과 느낌을 자유롭고 창의적으로 표현하고 다른 사람의 감정과 표현을 존중하는 태도를 기른다.
- ○ 다양한 언어가 있음을 인식하고 의사소통을 위한 언어능력을 기르며 상황에 적절한 바른 언어 사용 습관을 기른다.
- ○ 다문화적인 공동체 사회에 성공적으로 살아갈 수 있도록 호기심을 가지고 주변 세계를 탐구하며 자연을 존중하는 태도를 가진다.

다음으로 어린이집에서 전개할 표준보육과정에서 추구하는 인간상은 다음과 같다(여성가족부, 2007).

- ○ 자율적인 사람
- ○ 창의적인 사람
- ○ 다양성을 인정하는 사람
- ○ 민주적인 사람
- ○ 우리 문화를 사랑하는 사람

여성가족부에서 제시하는 표준보육과정에서의 인간상을 바탕으로 박찬옥 외(2011)는 다음과 같이 다문화보육 프로그램의 목표를 설정하였다.

- ○ 건강하고 안전하며 바르게 생활하는 태도 및 습관을 가진다.
- ○ 자신의 신체에 대해 긍정적으로 인식하고 우리나라 전통놀이와 세계

여러 나라 놀이를 경험해 봄으로써 기본 운동능력을 기른다.

○ 자신을 존중하고 다른 타인의 감정과 태도를 이해하고 존중하며 다양한 문화의 다름과 차이를 인정하며 더불어 생활하는 태도를 가진다.

○ 기초적인 언어능력을 기르고 세계 여러 나라에는 각각 고유한 언어가 있음을 인식하고 상황에 적절한 언어생활 태도와 습관을 가진다.

○ 주변 환경과 세계 여러 나라에 호기심을 가지고 탐구하는 능력과 태도를 기른다. 우리나라와 다른 나라의 상징과 문화적 특성에 호기심을 가지고 탐구하는데 필요한 기초 능력과 태도를 기른다.

○ 우리나라와 다른 나라의 자연과 예술작품의 아름다움에 관심을 창의적으로 표현한다.

유치원교육과정과 표준보육과정의 영역별 교육활동의 목표를 박찬옥 외(2011)는 다음과 같이 정리하였다.

표 2-1 표준보육과정 및 유치원교육과정 영역별 다문화교육 활동의 목표

표준보육 과정영역	다문화교육 활동 목표	유치원교육 과정 영역
기본 생활	• 자신과 타인의 신체능력을 긍정적으로 인식하고 규칙적인 생활습관을 기른다. • 다른 사람의 태도와 감정을 존중하고 바른 태도와 행동을 알고 실천한다.	건강생활
신체 운동	• 나와 다른 사람의 몸이 소중함을 안다. • 자신과 다른 사람의 신체운동 능력의 차이를 존중한다. • 다양한 놀이활동으로 건강한 신체능력을 기른다.	
사회 관계	• 자신과 한국문화에 대한 정체성을 가진다. • 다른 사람과의 문화적 차이와 다름을 알고 존중한다. • 자신과 타인을 존중하는 태도를 기른다.	사회생활

표준보육 과정영역	다문화교육 활동 목표	유치원교육 과정 영역
의사 소통	• 각 나라는 고유한 언어가 있음을 이해한다. • 다른 사람의 의견을 바르게 듣는 태도를 기른다. • 다양한 언어 형태를 알고 생활에 필요한 읽기와 쓰기에 관심을 갖는다.	언어생활
자연 탐구	• 우리나라와 다른 나라는 서로 다른 기후적 특성이 있음을 인식하고 다양한 문화에 관심을 가진다. • 지구환경 보호에 관심을 갖고 생명체를 소중하게 다루는 태도를 기른다. • 우리나라와 다른 나라의 위치를 알아보고 다양한 수학적 지식을 적용해 본다.	탐구생활

2. 유아 다문화교육의 목적

다문화교육의 목적은 아동들에게 그들이 살아가는 세계에서 모순과 애매함을 바르게 조종하고 차별이나 경시와 같은 정당하지 못한 것에 대해 도전하도록 도와주는 것이다(Ramsey, 2004, 6-7).

다문화교육은 다양한 양상으로 변화해 왔다. 1988년 Sleeter와 Grant는 지난 3세기 동안의 다문화교육의 변화양상을 5가지 형태로 구분하였다.

① **문화적으로 다르게 가르치기** : 각기 다른 문화적 배경을 가진 학생들의 요구에 맞추어 이에 부응하는 표준교육과정을 채택한다.

② **단일 집단 학습** : 낮게 생각하는 소수집단에 특별히 맞추어 교육과정을 설계한다.

③ **인간관계** : 개인 간에 집단 간에 형성되는 관계에 초점을 맞춘다.

④ **다문화교육** : 인종이나 문화에 있어서 같은 점과 다른 점을 광범위하게 인정해 주고 발전을 도모한다.

⑤ **다문화적이며 사회 재구성적인 교육** : 많은 사회 분야에서의 차별대우와 권력 차별에 초점으로 맞추고 비평적 사고와 사회의 변화를 촉진한다.

Ramsey(2004)는 아동을 위한 다문화교육 목적을 다음과 같이 제시하였다.

① 아동들에게는 강한 자아정체감이 필요한데, 한 개인으로서 공동체의 구성원으로서 그리고 지구인으로서의 정체성을 길러 준다.

② 학생들로 하여금 그를 둘러싼 모든 사람들과 자연세계 속에서 연대감을 길러 준다.

③ 아동들이 비평적 사고자가 되도록 한다.

④ 아이들로 하여금 자신감을 가지고 지속적인 문제해결을 하는 사람이 되어서 그들이 전세계적인 도전에 의해 압도당하지 않고 능동적으로 대처하는 자존감을 갖도록 한다.

⑤ 모든 아동들로 하여금 사회적 지식을 수용하고 구별 능력을 갖게 하는 학문적 기술을 절대적으로 습득하게 한다.

⑥ 아이들에게 개인의 물질적인 부나 특권 그리고 권력이 우리 사회에서 더 이상 지배적인 힘으로 작용하지 않는 희망적인 미래를 상상할 수 있는 여지를 창조해 준다.

다문화교육의 목적과 관련하여 Bennet(2007)는 다문화교육의 핵심적 가치를 중핵으로 다문화교육의 목적을 〈그림 2-1〉과 같이 도식화하였다(김영옥 외, 2011).

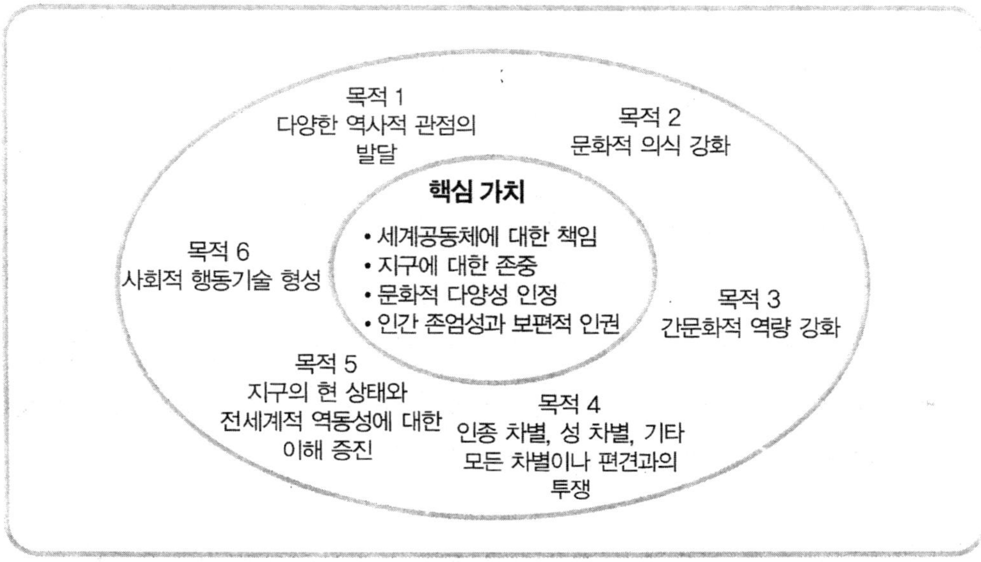

〈그림 2-1〉 다문화교육의 가치와 목적

1) 다양한 역사적 관점의 이해

다문화교육의 가장 중요한 목적은 다양한 역사적 관점을 발달시킴으로써 다수집단 중심으로 편향되어 있는 성향들을 바로잡는 것이다. 과거와 현재의 세계적 사건들은 다양한 나라의 관점에서 이해되어야 한다. 지역적 사건이나 국가적 사건들을 이해할 때에도 다수집단과 소수집단의 관점이 동시에 고려되어야만 한다.

2) 문화적 의식 함양

문화적 의식이란 자신의 세계관이 보편적이지 않으며, 다른 나라나 민족집단의 구성원들이 갖고 있는 세계관과 심각하게 다르다는 점을 인정하는

것이다. 여기에는 인간사회에 다양한 사고와 행동 방식이 존재한다는 점을 이해하고, 자신의 생각과 행동이 다른 나라나 민족 집단에서 어떻게 이해될지에 대해서 인식하는 것이 포함된다.

3) 간문화적 역량 개발

간문화적 역량이란 자신과 다른 표상적 의사소통(언어, 기호, 몸짓)과 무의식적인 신호들(신체언어), 문화적 관습들을 해석할 수 있는 능력이다. 여기에서 중요한 것은 공감과 의사소통이다.

4) 인종 차별이나 성 차별 또는 모든 형태의 편견과 차별에 대해 투쟁하기

인종 차별, 성 차별, 기타 모든 형태의 편견과 차별에 대해 투쟁한다는 것은 성에 대한 편견이나 인종에 대한 오해, 그리고 자신의 문화와 다르다는 점 때문에 만들어지거나 형성된 부정적인 태도나 행동을 줄여 나가는 것을 의미한다. 여기에서는 성, 인종, 민족 집단과 관련된 사회적 통념과 고정관념을 제거하는 것이 강조된다.

5) 지구의 현 상태와 전세계적 역동성에 대한 이해 증진

지구의 현 상태와 전세계적 역동성을 이해한다는 것은 지구의 현재 상태와 보편적인 변화 경향, 발전과정을 인식하는 것이다. 전세계는 다양한 하위체계들이 상호 밀접하게 연계되어 있는 거대한 생태계로서, 신기술의 도입과 같이 매우 작은 사건들로 세분화될 수 있을 뿐만 아니라 작은 사건들에 의해서 심각한 영향을 받을 수도 있다는 점을 이해하는 것이다.

6) 사회적 행동기술 개발

사회적 행동기술이란 지구의 미래와 인류의 행복을 위협하는 문제들을 해결하는 데 필요한 지식과 태도, 행동을 의미한다. 특히 전 지구적으로 생각하고 지역적으로 행동하는 것을 강조한다. 그리고 개인적 효능감과 세계 시민으로서의 책임의식을 발달시키고, 그에 기초하여 사회 구성원으로서 적극적으로 참여하도록 하는데 목적을 두고 있다.

다문화교육의 목적을 Banks(2006)는 다음과 같이 제시하고 있다.

첫째, 개인들로 하여금 다른 문화의 관점을 통해 자신의 문화를 바라보게 함으로써 자기 이해를 증진시키는 것이다.

둘째, 학생들에게 문화적, 민족적, 언어적 대안들(alternatives)을 가르치는 것이다.

셋째, 모든 학생이 자문화, 주류문화, 그리고 타문화가 공존하는 다문화 사회에서 요구되는 지식과 기능, 태도를 습득하도록 하는데 있다.

넷째, 소수민족집단이 그들의 인종적, 문화적, 신체적 특성 때문에 겪는 고통과 차별을 감소시키는 데 있다.

다섯째, 다양한 인종, 문화, 언어, 종교 집단의 학생들이 자신이 속한 문화 공동체, 국가적 시민공동체, 지역문화, 그리고 전 지구적 공동체에서 제구실을 하는데 필요한 지식, 태도, 기능을 습득하도록 도와 주는 것이다.

Ramsey(2004)는 어린이들에게 왜 다문화교육이 필요한지 그 목적을 기술하고 있다(박찬옥 외, 2011).

첫째, 어린이들은 지구의 인간으로서, 사회 공동체의 구성원으로서, 한

개체로서 강한 정체성을 발달시키고자 하는 욕구가 있다.

둘째, 어린이는 인간과 자연세계 모두와 유대감을 발달시키고자 하는 욕구가 있다.

셋째, 어린이들은 비판적 사고자가 되고자 하는 욕구가 있다.

넷째, 어린이는 세상의 도전에 압도되는 수동적 존재이기보다는 자신을 활동가로 여기는 확실하고 지속적인 문제해결자이다.

다섯째, 모든 어린이들이 우리 사회의 지식과 다양성을 다루는 힘에 접근할 수 있는 학습기술을 획득할 수 있다는 믿음을 가져야 한다.

여섯째, 개인적 부와 권리와 권력이 더 이상 우리 사회의 지배논리가 되지 않는 희망적인 미래를 어린이들이 꿈꿀 수 있도록 만들어 주어야 한다.

7) 다문화교육의 범위와 지침

다문화교육의 범위와 지침에 대하여 Ramsey(2004)는 다음과 같이 제시하고 있다.

(1) 다문화교육의 범위

먼저, 다문화교육의 범위는 1970년대 인종과 문화를 출발해서 사회계층과 경제적 차등으로 나아가서 남녀 성 차별, 장애인과 그의 가족으로 확대되었다.

1990년대에는 게이와 레지비언으로, 2000년대는 인간의 자원 개발 이용과 자연환경의 파괴와의 관계를 따져보는 것까지도 포함시키고 있다.

(2) 다문화교육의 지침

DCAP(발달적으로 문화적으로 적합한 유아교육의 실제)의 지침으로 최근 DCAP는 모든 유아들에게 특히 다문화적 특성을 가진 아이들에게 교수-학습의 실제를 정의하는데 유용한 개념이 되고 있다. DCAP 개념은 태어나서 8세까지의 아이들에게 교육의 실제를 계획하는 지침을 제공한다. DCAP 원리의 주요 개념은 다음 세 가지 측면에서 접근하였다(122-123).

① 보편적인 발달 형태

모든 사람들과 모든 문화집단들에게 똑같이 적용되는 시간대별로 예측가능한 공통적인 발달 형태를 갖게 한다.

② 개인적 발달

개인별로 다양한 발달의 차이를 보이는 개인의 생물학적 성격에 기초한 독특한 변화, 즉 다양한 능력과 문화적 특징을 보인다.

③ 사회적 · 문화적 경험

개인의 발달과 환경적 맥락을 조종하고 영향을 주는 역동적 힘으로써의 문화(가족 간 상호작용, 가족 서열, 언어, 사회 경제적 지위, 문화적 경험, 성인과의 상호작용, 돌봄이와 동료)가 발달을 해 나가는데 주도적 역할을 한다.

3. 유아 다문화교육의 목표

교육부(1999)는 세계 이해교육의 목표로서, 첫째, 자기 존중감과 함께 인종, 성, 신체조건 등에 따라 다양성을 이해하고 존중하는 태도를 기르며 둘째, 다른 나라 사람이라도 인간은 평등하며, 모두 지구촌 가족이라는 우호의식을 기르고 셋째, 우리나라의 문화유산에 대하여 자긍심을 가지며 이와 함께 여러 나라의 문화는 다양하며 서로 존중해야 한다는 의식을 기른다고 하였다. 넷째, 우리나라와 다른 나라는 서로 필요한 물자, 정보, 문화 등을 교류하며 이를 통하여 서로 도움을 주고받는 관계에 있음을 이해하며 다섯째, 하나뿐인 지구에 대한 인식을 기초로 환경 보호를 위한 기본 습관과 자원을 아껴 쓰는 태도를 기르고 여섯째, 인류애를 통한 교류와 협력에 관심을 갖는다고 하였다. 또한 교육인적자원부(2007)는 다문화교육의 목표로서 자신과 타인을 존중하는 태도를 갖게 함으로써 결과적으로 나와 다른 외모, 문화, 생각, 생활방식을 가진 사람을 이해하고 수용하여 더불어 살 수 있는 기반을 만들고자 하는 것이라 하였다.

이처럼 다문화교육의 목표는 학자들마다 다양한 내용을 제안하고 있지만 공통적인 내용으로서 각자의 독자성을 추구하는 주체적인 인간을 양성함과 동시에 열린 마음을 가지고 타인과의 차이에 대해 수용과 공감을 하면서 존중할 줄 아는 인간을 기르는 것이다. 또한 지구촌 가족으로서 서로 교류하며 상생해야 함을 앎과 동시에 이를 실천할 수 있는 인간을 기르는 것이다(유홍욱, 2011).

다문화교육이 다양성에 대한 이해와 서로에 대한 존중과 이해의 폭을 넓히고 더불어 가는 삶을 살아가도록 돕는 교육이라고 볼 때 이러한 내용이 다문화교육의 목표 안에 포괄적으로 제시될 수 있다(배재대학교 유아교육과, 2008).

Kendall(1996)은 유아가 자신의 문화적인 차이점을 인식하고 존경하도록 도와야 한다고 주장하며 다문화교육 과정의 중요한 요소로써 교사의 모델을 강조하였으며 다음과 같은 교육 목표를 제시하였다.

- 자신의 문화뿐 아니라 다른 사람의 문화를 존중하도록 한다.
- 다문화 사회에서 성공적으로 역할을 수행하는 능력을 기를 수 있도록 한다.
- 인종 차별에 가장 영향을 받은 아이들이 긍정적인 자아개념을 형성하도록 돕는다.
- 문화적으로 다양한 사람들의 차이점과 공통점을 경험하도록 돕는다.
- 다문화 공동체 사회에서 각각 독특한 역할을 수행할 수 있도록 격려한다.

York(1991)는 유아 다문화교육에 대해 다음과 같은 목표를 제시하였다.

- 각각의 유아들의 아름다움, 가치, 기여를 인식한다.
- 자아 존중감, 긍정적 자아인식을 갖도록 돕는다.
- 그들 자신의 문화에 대해 가르친다.
- 다른 문화를 소개한다.
- 유사성과 다양성에 대한 긍정적인 경험을 준다.
- 다른 문화를 존중하도록 격려한다.
- 자기와 다른 사람들과 함께 놀고 이야기하는 능력을 증진시킨다.
- 그룹의 구성원이 되도록 돕는다.
- 인종 차별과 최근의 사건에 대해서 유아들과 이야기를 나눈다.
- 다양한 세계에서 유아들이 행복하게 상호 협력하며 살도록 돕는다.

- 불공정한 행동과 사건에 대해 대처하는 법을 인식하도록 한다.

Derman-Sparks(2003)는 아이들이 불공평한 상황에 대항하여 반응하고 의견 차이를 수용하며 일관된 경험을 제공한다면 다양성에 대한 긍정적인 마음가짐을 나타내고 불공평에 대항할 수 있다고 주장하며 다음과 같은 다문화교육을 위한 반편견교육의 목표를 제시하였다.

- 총명하고 자신감 있는 개성을 구성한다.
- 편안하고 감정적이며 다양한 상호작용을 발휘한다.
- 비판적인 사고 기능을 발휘한다.
- 불공평에 대항하여 자기 자신과 다른 사람들을 위하여 맞설 수 있는 능력을 발휘한다.

이처럼 다문화교육은 자기 자신을 존중하고 타인의 삶에 대한 이해와 존중을 바탕으로 다양성을 수용할 수 있는 태도를 형성함으로써 긍정적인 자아 개념과 타인이해 능력을 발달시키는 것에 목표가 있다. 뿐만 아니라 유아가 더불어 사는 사회공동체의 구성원으로서 편견이나 고정관념을 갖지 않고 다른 사람의 입장을 이해해 주고 존중하며 그 사회 안에서 상호 협력적인 역할을 수행하는 일원으로 성장할 수 있도록 해야 한다. 이러한 내용을 기초로 다음과 같은 다문화교육의 목표를 설정할 수 있다(배재대학교 유아교육과, 2008).

1) 자신과 타인에 대한 긍정적인 태도

자기 존중감과 긍정적인 자아개념을 형성할 수 있도록 한다. 스스로에 대한 존중과 긍정적인 태도는 유아 시기에 형성되어야 할 중요한 태도이며 이러한 나에 대한 긍정적인 태도는 나와 다른 사람을 존중해 주고 수용적인 태도를 가질 수 있는 밑바탕이 된다. 또한 유아 시기에 갖게 되는 다양한 인종, 문화 등에 대한 긍정적인 태도는 성인이 되어서까지 지속적인 영향을 미칠 수 있으므로 어려서부터 자신과 타인에 대한 긍정적인 태도 형성을 할 수 있도록 도와야 한다.

2) 다양성에 대한 이해와 존중

점차 다양해지는 사회 속에서 나와 다른 차이나 다름에 대한 이해와 존중이 필요하다. 이를 위해 영유아기에 다양한 폭넓은 경험과 다양성에 대한 수용적인 태도를 갖도록 해야 한다. 서로 간의 차이를 인정하고 이해함으로써 다양성 속의 조화를 만들어 나가는 것이다. 이러한 서로 간의 차이는 좁게는 나와 가족, 친구부터 넓게는 나라 간의 차이를 넘어선 포괄적인 개념이 되어야 하며 '다름'에 대한 인정뿐 아니라 나아가 서로 조화를 이루며 살아가는 삶의 모습이 되어야 한다.

3) 편견이나 고정관념에 대한 인식 변화

어려서 갖게 되는 편견이나 고정관념은 성인이 되어서도 쉽게 변하지 않으므로 유아들이 성, 인종, 문화, 장애, 계층, 외모 등에 대한 편견이나 고정관념이 생기지 않도록 도울 뿐만 아니라 이미 가지고 있는 편견이나 고정관념에 대한 인식이 변화할 수 있도록 해야 한다. 이를 위해 성인들의 고정관념이나 편견이 유아들에게 영향을 미치지 않도록 해야 하며 어려서부터 편견이나 고정관념에 대한 비판적인 사고 능력을 갖도록 한다.

4) 공동체 사회 속에서의 상호 협력적 태도

다함께 더불어 살아가는 사회 공동체의 구성원으로서 협력적인 관계는 미래사회에 있어서 더욱 중요시되는 자세이다. 나와 다른 사람, 문화에 대해 수용적인 태도를 가지고 상호 이해를 바탕으로 한 협력적인 태도가 필요하다.

제3장

유아 다문화교육의 내용과 교육과정

1. 유아 다문화교육의 학습내용
2. 누리과정의 학습내용
3. 표준보육과정의 0~2세 교육내용

1. 유아 다문화교육의 학습내용

Frances E. Kendall(1996)은 유아들에게 다문화적 관점을 길러 주기 위한 학습단원에 다음과 같은 내용을 포함하고 있다.

1) 주요 아이디어

여러 다양한 문화가 함께 어우러져서 그들의 고유한 특성들이 강한 공동체를 형성한다.

2) 조직 아이디어

- 다양한 종류의 가족이 존재한다.
- 우리 사회에는 모든 종류의 민족이 살고 있다.
- 우리 모두를 서로 닮고 같게 하는 어떤 방법이 있다.
- 우리를 서로 구별하는 어떤 방법이 있다.
- 우리는 우리 사회 속에서 함께 활동한다.

3) 길러야 할 기술능력

단원활동 속에서 아이들은 다음과 같은 기술능력을 개발하고 활용하는 기회를 가질 것이다. 즉 관찰하기, 구분하기, 비교와 대조하기, 함께 활동하

기, 서술하기, 정의하기, 일반화하기, 정보 수집하기, 개념 개발하기, 가설 만들기, 예견하기, 설명하기, 골라내기, 분류하기, 문제해결하기, 대안 제시하기, 연관시키기 등이다.

4) 길러야 할 태도와 가치

유아들에게 다음과 같은 태도와 가치를 길러 주어야 한다.

- 우리는 모두 생득적으로 존엄하게 태어났다. 우리는 다른 사람의 무가치가 아니라 우리 자신의 가치로움에 기초를 둔다.
- 우리는 평등하게 태어났으며, 피부색, 성별, 문화, 신체적 능력 등의 차이에 의해 존경받거나 무시당하지 않아야 한다.
- 우리는 서로의 차이에 대하여 존중하여야 한다. 우리는 서로 독특하며 특수한 존재이다. 우리의 차이는 공동과제를 함께 할 때 공동체에 강점으로 작용한다. 우리는 각자의 개인차를 가지고 일을 하고 경험을 나눌 때 그리고 공통성을 발견할 때 학습이 일어나며 성장한다.
- 우리들 각자는 중요한 개체며 개인이다. 우리는 집단에서 동등하게 가치있는 구성원이다.
- 우리는 각자 노력하는 것보다 집단 속에서 함께 노력할 때보다 효율이 높다. 변화는 긍정적인 개념이다. 비록 변화가 모두 긍정적이지 않더라도 변화 그 자체는 가치가 있다.

우리 사회가 당면하는 문제에 비추어 Hall과 Rhomberg(1995)가 제시한 다문화와 관련된 영역을 구체적으로 살펴보면 다음과 같다(김혜숙, 2011).

(1) 능력

능력(ability)은 신체적 · 정신적 · 정서적 능력을 의미하는 것으로, 가장 대표적인 편견이 장애에 관한 부분이다. 사회적인 의식의 성숙으로 인해서 최근 장애에 대한 인식은 많이 변화되었으나, 그럼에도 불구하고 오랫동안 내려온 고정관념이나 편견은 쉽게 사라지지 않고 있다. Derman-Sparks와 The A.B.C. Task Force(1989)에 의하면 능력은 재능, 무능력, 장애를 포함한 포괄적인 개념으로써, 편견에 대응하는 것과 자신 및 타인에 대한 존중이나 가치를 포함하는 것이다. 능력의 하위 범주로는 재능, 장애, 편견에 대응하기, 타인 이해, 의사 전달방법이라고 보았다. Hall과 Rhomberg(1995)는 특히 유아들에게 가장 쉽게 인식되는 능력은 신체적인 능력이라고 보았으며, 이러한 장면은 유아교육 현장에서도 쉽게 발견된다. 따라서 외적으로 두드러지게 나타나는 능력의 차이에 대한 인식은 유아기 때부터 시작되므로 능력에 대한 차이와 존중 교육이 필요하다 할 수 있다.

이러한 능력에 대한 편견은 장애뿐만 아니라 사람의 능력을 단면만 보고 쉽게 판단하는 능력도 포함된다. 따라서 자신에 대해 긍정적 자아개념을 가지는 것은 물론, 타인의 다양한 능력을 존중하고 서로 협력하며 살아가야 할 것이다.

(2) 연령

Hall과 Rhomberg(1995)에 의하면 연령(age)은 늙음, 젊음, 또는 실제 나이가 많고 적은 것을 말하는 것으로, 세대 간의 차이도 연령에 포함된다고 하였다. 최근 우리 사회는 평균 수명의 증가와 저출산, 핵가족화로 인해 고령화 사회로의 전환이 더욱 가속화되고 있다. 이러한 고령화 사회로의 급속한 전환은 노인에 대한 사회적 편견이라는 사회적 문제를 낳고 있으며,

젊은 세대와의 대화 단절로 인해 각 세대 간의 이해와 존중이 부족한 실정이다. 따라서 각 세대 간의 이해와 존중으로 서로에 대한 편견적인 인식을 해소해 나가야 할 것이며, 연령의 차이를 넘어 모든 사람이 더불어 함께 살아가는 사회적인 화합을 이루어야 할 것이다. 특히 유아기부터 나이가 들어가는 것을 자연스러운 변화로 받아들이는 인식에 대한 교육이 필요할 것이며, 노인을 존경하고 노인의 능력을 인정해 주는 태도를 함양할 수 있는 교육이 이루어져야 할 것이다.

(3) 외모

외모(appearance)에 대한 편견은 과거로부터 지금까지 어느 사회에서나 뿌리 깊이 존재하고 있다. 이러한 편견은 사회, 문화가 변화하고, 사람들의 가치관이 변화되었어도 여전히 존재하고 있으며, 현대사회처럼 외모를 중시하는 시대에서는 더더욱 사회 전반에서 외모에 대한 편견 현상이 일어나고 있다. 유아들에게도 외모에 대한 편견은 일상생활 속에서 쉽게 나타나는데, 양미현(2000)과 서현(2003)의 연구에서도 유아가 가지고 있는 편견의 영역 중 가장 많은 부분을 차지하는 것이 외모인 것으로 밝히고 있다. 이러한 외모에 대한 편견은 특히 유아 시기부터 또래 관계 안에서 빈번히 나타나므로 유아 자신의 자아개념 형성이나 타인과의 관계를 형성하는데 있어 영향을 미치기도 한다.

Hall과 Rhomberg(1995)는 외모에 대해 키가 크거나 작은 것, 살이 쪄서 뚱뚱하거나 마른 것, 몸에 흉터나 상처가 있는 것 등과 관련된다고 하였으며, 특히 자신의 외모에 대해 어떻게 인지하느냐에 따라 자아개념에는 차이가 있을 것이라고 보았다. 즉 유아들은 자신의 외모 또는 신체에 대한 인지나 사회적 경험, 환경 등을 통해 자아개념을 형성하며 자신과 다른 신체적인 특징을 가진 사람에 대해 관심을 갖게 된다.

유아 시기에 형성된 외모에 대한 편견은 성인이 되어서도 쉽게 바뀌지 않으며 그릇된 편견으로 인해 자아인식 및 자아개념, 대인관계 형성에도 부정적인 영향을 미칠 수 있다. 따라서 자아개념이 형성되는 중요한 시기인 유아기에 외모에 대한 바른 인식과 사고가 형성될 수 있도록 교사의 지도가 필요할 것이다.

(4) 신념

신념(belief)은 여러 가지 종교나 미신, 정치적 신념이나 일반적인 통념 등을 말하는 것으로 포괄적으로 어떤 것에 대해 믿거나 믿지 않는 것을 의미하는 개념이다(Hall & Rhomberg, 1995). 유아들이 가질 수 있는 신념에 대한 편견으로는 동화를 통해 갖게 되는 편견이나 성인들의 일상생활 속에서 전해진 신념에 대한 편견, 어떤 것에 대한 믿음 등이 있을 수 있다. 이러한 신념에 대한 편견을 통해 형성된 고정관념은 자신과 다른 의견이나 생각을 받아들이는 데 어려움을 주며 타인의 생각에 대한 인식을 방해한다. 따라서 여러 사람들이 가지는 의견이나 생각의 차이를 인정하고 서로의 입장을 이해하고 수용해 줄 수 있도록 해야 할 것이다.

(5) 계층

모든 사회는 다양한 사회 구성원들로 이루어지며, 각자 자신의 역할을 충실히 수행하며 사회를 조직해 나간다. 또한 사회는 그 구조가 팽창되고 구조화되어짐에 따라 그 사회 구성원의 역할도 더욱 다양해지고 살아가는 모습 또한 다양해져 가고 있다. 그러나 이런 다양화로 인해 사람들은 다른 사람들과의 삶의 모습과 차이에서 서로를 비교하고 우열을 나누게 되었으며, 결국 그에 따른 계층(class)의 편견이라는 개념이 생겨나게 되었다. Hall과 Rhomberg(1995)에 의하면 계층에 대한 편견이란 개인의 생활양식을 반영하는 사회, 경제적 지위를 의미하는 것으로, 이러한 계층을 결정하는 요인으로는 직업, 주거형태, 복장, 교통수단, 교육적 배경 등이 있다. 즉 계층에 대한 편견이라는 것은 이러한 직업, 주거형태, 복장, 교통수단, 교육적 배경 등에 대해 가지게 되는 고정관념 또는 편견을 의미하는 것이다. 유아는 자신이 속한 사회적 계층에 영향을 받으며 성장하므로 어려서부터 다양한 직업에 대한 바른 인식을 갖도록 해야 할 것이며, 사회를 구성하는 서로의 삶에 대한 존중과 이해를 통해 계층에 대한 편견적인 인식을 갖지 않도록 노력해야 할 것이다.

(6) 문화

문화(culture)는 오랜 세월을 통해 그 사회 구성원들에 의해 만들어진 삶의 방식, 사고, 가치, 태도를 나타내는 것으로, 다른 문화에 대한 이해와 존중을 통해 그 문화에 속한 사람들을 이해할 수 있는 태도가 형성되고 삶의 차이를 존중할 수 있게 된다.

문화의 내용을 다룰 때 자칫 다른 문화에 대한 관광적 교육 접근이 되지 않도록 해야 한다. 관광적 접근이란 문화 간의 '색다른' 차이점만을 강조하는 것으로, 다른 사람의 경험과 실생활의 문제를 다루는 것이 아니라 축제의 표면적인 측면 방식을 다루면서 대단치 않게 취급하는 것이다(Derman-Sparks & The A.B.C. Task Force, 1989). 즉 다른 문화를 단순히 '방문하듯 잠시 다룬 후에' 지배적 문화를 반영하는 일상의 교실로 '돌아가는 것'은 유아들에게 잠시 즐거운 경험을 제공해 주지만, 그것은 오히려 '나'와는 '다른' 사람이 '하는 것'이라는 인상만을 주게 된다. 이는 진정한 의미에서 다른 문화를 이해하고 의사소통하는 데는 실패한 것이므로 보다 포괄적이고 깊이 있게 다른 문화를 이해하고자 하는 노력이 필요할 것이다.

(7) 가족 구성

가정(family)은 한 사회를 구성하는 가장 기본적인 단위이며 그 사회의 문화를 전달하는 역할을 한다. 최근 사회 구조가 변화되면서 가족 구성에 있어서도 다문화가정, 이혼가정, 재혼가정, 조부모가정, 한부모가정, 입양가정 등 다양한 가족 구성의 형태가 생겨나고 있다. 특히 국제결혼으로 인한 가정이나 이주노동자 가정 등이 증가함에 따라 다른 문화적 배경을 가진 구성원으로 이루어진 가정의 형태도 점차 증가하고 있다. 이러한 사회 구조의 변화에 따른 가정의 변화는 가족 구성의 형태가 다르다는 이유로 편견의 대상이 되어 사회적 어려움을 겪고 있으며, 이는 특히 유아들의 성장에 많은 영향을 미치는 요인이 되고 있다.

따라서 가족의 수, 구성 형태, 구성원의 역할 변화 등을 포함하여 다양한 가족 형태에 대한 이해와 가족의 다양성을 인정하는 사회분위기가 요구된다. 특히 교사는 유아들의 모델이 되므로 교사가 먼저 다양성을 인정하고 가족의 구성, 의미, 역할에 대한 선입견을 가지지 않도록 하는 것이 중요할 것이다.

(8) 성

성(gender) 역할에 대한 고정관념은 서로의 능력이나 성향을 구분지으려는 남자 또는 여자에 대한 고정적인 생각을 말한다. 성에 대한 고정관념은 과거로부터 계속되어 왔으며 최근 성 역할에 대한 인식의 변화가 있었으나 아직도 사회 전반에 뿌리 깊은 고정관념이 잠재되어 있다. Derman-Sparks와 The A.B.C. Task Force(1989)에 따르면 성(gender)은 남성과 여성을 나타내며, 남자 또는 여자, 또는 이에 부여된 성에 의한 구별을 남녀차별(sexism)이라고 하였다. 이런 성에 의한 구별은 남녀의 차별을 가져오며 이와 같은 가정이나

사회분위기에서 자라는 유아는 자연스럽게 성에 대한 고정관념을 가지게 된다. 따라서 유아들에게 성 역할을 교육하는데 있어 남자와 여자가 신체적 차이는 있지만 그것이 서로의 능력의 차이가 아님을 강조하고 성 역할에 대한 고정관념을 갖지 않도록 해야 한다. 사회 구성원들이 성 역할의 고정관념을 버리고 서로 도우며 함께 일하는 것은 남녀 모두에게 공평한 기회를 제공하게 되고, 이로 인해 남녀 성 역할에 대한 차이 없이 능력에 맞게 일할 수 있는 평등한 사회가 될 것이다.

(9) 인종

오늘날은 국제교류가 활발해짐에 따라 국제화 · 세계화 시대로 더 빠르게 전환되고 있으며, 이로 인해 다양한 인종(race)의 사람들을 쉽게 만날 수 있게 되었다. 특히 국제결혼 가정이나 이주노동자 가정이 증가하면서 우리 주변에서 다양한 인종의 사람들을 만나는 것은 그다지 어려운 일이 아니다. 그러나 단일민족 국가임을 자부해 온 우리나라의 경우 인종이나 민족에 대한 편견과 고정관념이 뿌리 깊게 작용하고 있는데, 특히 심각한 부분이 한국인의 혼혈인에 대한 편견이다(김갑성, 2008).

유아기에는 다른 어떤 형태의 편견보다 '인종'에 대한 편견이 심하게 나타나고 있는데(전경화 · 김기현, 2001), 실제로 유아교육기관에서 이루어진 조사에서도 유아들의 대부분(92.8%)이 '인종적 차이'에 대해 인식하였으며, 주로 피부색이나 머리 모양을 단서로 하여 인종의 차이를 구분하였다. 유아들은 특히 동일 인종인 황인종을 가장 선호하였고, 흑인종에 대해서는 부정적인 태도를 보이며(김정원 · 류성희, 2003; 장영희 · 이숙재 · 김혜실 · 김정화, 1999), 자신들과 다른 인종이라고 인식하는 유아들과 상호작용하기를 거부하고 불편함을 나타내기도 한다. 이러한 결과는 이미 유아 시기부터 인종에 대한 차이를 인지할 뿐만 아니라 이미 그에 대한 편견을 가지고 있다고 볼 수 있다. 이러한 인종에 대한 유아의 인식은 부모와 다른 성인들의 고정관념이나 편견에서 기인하는 경우가 대부분이다.

따라서 어려서부터 여러 사람들의 다양성을 인식하고 그 차이점을 이해하고 존중함으로써 인종에 대한 편견이나 고정관념 등의 차별적인 태도를 갖지 않도록 해야 할 것이다. 즉 피부색, 머리카락, 신체, 얼굴의 특징에 대한 편견을 버리고 나와 다른 외모, 문화, 언어 등을 이해하고 존중할 수 있는 이해 교육이 필요하다.

(10) 성애

Hall과 Rhomberg(1995)에 의하면 성애(sexuality)는 성적인 지향이나 선호를 의미하는 개념이다. 동성애 부부와 같은 가족 구성이나 동성애 등을 예로 들 수 있는데, 성애에 대한 편견 내용은 유아기 아이들에게 접근하기 어려운 면이 있으므로 아직까지 많이 다루어지지는 않고 있다.

2. 누리과정의 학습내용

정부에서는 2012년에 유치원교육과정을 누리과정으로 개정하면서 표준보육과정과 통합하여 다음과 같이 3~5세의 학습내용을 5개 영역으로 설정하였다. 각 영역별로 누리과정의 학습내용의 범주, 내용, 세부내용 그리고 박찬옥 외(2011)의 연구를 중심으로 다문화 관련 교육내용을 제시하면 다음과 같다(2012년 누리교육과정, 박찬옥 외, 2011 참고).

1) 신체운동 . 건강

내용범주	내용	세부내용			다문화 관련 내용
		3세	4세	5세	
신체인식하기	감각능력 기르고 활용하기	· 감각적 차이를 경험한다. · 감각기관을 인식하고, 활용해 본다.	· 감각적 차이를 구분한다. · 여러 감각기관을 협응하여 활용한다.	· 감각으로 대상이나 사물의 특성과 차이를 구분한다. · 여러 감각기관을 협응하여 활용한다.	· 다양한 얼굴 생김새에 대한 이해
	신체를 인식하고 움직이기	· 신체 각 부분의 명칭을 알고, 움직임에 관심을 갖는다. · 자신의 신체를 긍정적으로 인식하고 움직인다.	· 신체 각 부분의 특성을 이해하고 활용하여 움직인다. · 자신의 신체를 긍정적으로 인식하고 움직인다.	· 신체 각 부분의 특성을 이해하고 활용하여 움직인다. · 자신의 신체를 긍정적으로 인식하고 움직인다.	· 신체적 차이에 대한 긍정적 이해
신체조절과 기본운동하기	신체 조절하기	· 신체균형을 유지해 본다. · 공간, 힘, 시간 등의 움직임 요소를 경험한다. · 신체 각 부분의 움직임을 조절해 본다. · 눈과 손을 협응하여 소근육을 조절해 본다.	· 다양한 자세와 움직임에서 신체균형을 유지한다. · 공간, 힘, 시간 등의 움직임 요소를 활용하여 움직인다. · 신체 각 부분을 협응하여 움직임을 조절한다. · 눈과 손을 협응하여 소근육을 조절해 본다.	· 다양한 자세와 움직임에서 신체균형을 유지한다. · 공간, 힘, 시간 등의 움직임 요소를 활용하여 움직인다. · 신체 각 부분을 협응하여 움직임을 조절한다.	· 다른 나라의 놀이에 대한 이해
				· 눈과 손을 협응하여 소근육을 조절해 본다. · 도구를 활용하여 여러 가지 조작운동을 한다.	· 신체적 특징의 차이에 대한 인정
	기본 운동하기	· 걷기, 달리기 등 이동운동을 한다. · 제자리에서 몸을 움직여 본다.	· 걷기, 달리기, 뛰기 등 다양한 이동운동을 한다. · 제자리에서 몸을 다양하게 움직인다.	· 걷기, 달리기, 뛰기 등 다양한 이동운동을 한다. · 제자리에서 몸을 다양하게 움직인다.	· 다른 나라의 운동놀이기구에 대한 이해

내용범주	내용	세부내용			다문화 관련 내용
		3세	4세	5세	
신체활동에 참여하기	자발적으로 신체 활동에 참여하기	· 신체활동에 자발적으로 참여한다. · 다른 사람과 함께 하는 신체활동에 참여한다.	· 신체활동에 자발적이고 지속적으로 참여한다. · 다른 사람과 함께 하는 신체활동에 참여한다. · 자신과 다른 사람의 운동능력의 차이에 관심을 갖는다.	· 신체활동에 자발적이고 지속적으로 참여한다. · 다른 사람과 함께 하는 신체활동에 참여한다. · 자신과 다른 사람의 운동능력의 차이를 이해한다.	· 세계 여러 나라의 스포츠에 대한 이해
	바깥에서 신체활동 하기	· 규칙적으로 바깥에서 신체활동을 한다.	· 규칙적으로 바깥에서 신체활동을 한다.	· 규칙적으로 바깥에서 신체활동을 한다.	· 여러 가지 야외운동에 대한 이해
	기구를 이용하여 신체 활동하기	· 여러 가지 기구를 이용하여 신체활동을 한다.	· 여러 가지 기구를 이용하여 신체활동을 한다.	· 여러 가지 기구를 이용하여 신체활동을 한다.	· 여러 나라의 운동애 대한 이해
건강하게 생활하기	몸과 주변을 깨끗이 하기	· 손과 이를 깨끗이 하는 방법을 알고 실천한다. · 주변을 깨끗이 한다.	· 손과 이를 깨끗이 하는 방법을 알고 실천한다. · 주변을 깨끗이 하는 습관을 기른다.	· 손과 이를 깨끗이 하는 습관을 기른다. · 주변을 깨끗이 하는 습관을 기른다.	· 여러 나라의 풍토병에 대한 이해
	바른 식생활 하기	· 음식을 골고루 먹는다. · 몸에 좋은 음식에 관심을 갖는다. · 바른 태도로 식사한다.	· 음식을 골고루 먹는다. · 몸에 좋은 음식을 알아본다. · 음식을 소중히 여기고 식사예절을 지킨다.	· 적당량의 음식을 골고루 먹는다. · 몸에 좋은 음식을 선택할 수 있다. · 음식을 소중히 여기고 식사예절을 지킨다.	· 여러 나라의 식사예절 알아보기
	건강한 일상생활 하기	· 규칙적으로 잠을 자고, 적당한 휴식을 취한다. · 하루 일과에 즐겁게 참여한다. · 스스로 화장실에서 배변한다.	· 규칙적으로 잠을 자고, 적당한 휴식을 취한다. · 하루 일과에 즐겁게 참여한다. · 바른 배변습관을 가진다.	· 규칙적으로 잠을 자고, 적당한 휴식을 취한다. · 하루 일과에 즐겁게 참여한다. · 규칙적인 배변습관을 가진다.	· 다른 나라의 화장실 사용법 알아보기

내용범주	내용	세부내용			다문화 관련 내용
		3세	4세	5세	
	질병 예방하기	· 질병의 위험을 알고 주의한다. · 날씨에 맞게 옷을 입는다.	· 질병을 예방하는 방법을 알고 실천한다. · 날씨와 상황에 알맞게 옷을 입는다.	· 질병을 예방하는 방법을 알고 실천한다. · 날씨와 상황에 알맞게 옷을 입는다.	· 여러 나라의 의상 알아보기
안전하게 생활하기	안전하게 놀이하기	· 놀이기구나 놀잇감, 도구를 안전하게 사용한다. · 안전한 놀이장소를 안다. · TV, 인터넷, 통신기기 등을 바르게 사용한다.	· 놀이기구나 놀잇감, 도구를 안전하게 사용한다. · 안전한 장소를 알고 안전하게 놀이한다. · TV, 인터넷, 통신기기 등의 위해성을 알고, 바르게 사용한다.	· 놀이기구나 놀잇감, 도구의 바른 사용법을 알고 안전하게 사용한다. · 안전한 장소를 알고 안전하게 놀이한다. · TV, 인터넷, 통신기기 등의 위해성을 알고, 바르게 사용한다.	· 다양한 놀이의 안전규칙 알아보기
안전하게 생활하기	교통안전 규칙지키기	· 교통안전 규칙을 안다. · 교통수단을 안전하게 이용한다.	· 교통안전 규칙을 알고 지킨다. · 교통수단을 안전하게 이용한다.	· 교통안전 규칙을 알고 지킨다. · 교통수단을 안전하게 이용한다.	· 우리나라와 다른 나라의 교통 규칙 비교하기
안전하게 생활하기	비상 시 적절히 대처하기	· 학대, 성폭력, 실종, 유괴상황을 알고 도움을 요청한다. · 재난 및 사고 등 비상 시 적절하게 대처하는 방법을 안다.	· 학대, 성폭력, 실종, 유괴상황 시 도움을 요청하는 방법을 알고 행동한다. · 재난 및 사고 등 비상 시 적절하게 대처하는 방법을 알고 행동한다.	· 학대, 성폭력, 실종, 유괴상황 시 도움을 요청하는 방법을 알고 행동한다. · 재난 및 사고 등 비상시 적절하게 대처하는 방법을 알고 행동한다.	· 다른 나라의 비상 대처방안 알아보기

2) 의사소통

내용 범주	내용	세부내용			다문화 관련 내용
		3세	4세	5세	
듣기	낱말과 문장 듣고 이해하기	· 낱말의 발음에 관심을 가지고 듣는다. · 일상생활과 관련된 낱말과 문장을 듣고 뜻을 이해한다.	· 낱말의 발음에 관심을 가지고 듣는다. · 일상생활과 관련된 낱말과 문장을 듣고 뜻을 이해한다.	· 낱말의 발음에 관심을 가지고 비슷한 발음을 듣고 구별한다. · 다양한 낱말과 문장을 듣고 뜻을 이해한다.	· 다른 나라의 말 들어보기
	이야기 듣고 이해하기	· 다른 사람의 이야기를 관심 있게 듣는다.	· 다른 사람의 이야기를 듣고 이해한다. · 이야기를 듣고 궁금한 것에 대해 질문한다.	· 다른 사람의 이야기를 듣고 이해한다. · 이야기를 듣고 궁금한 것에 대해 질문한다.	· 친구들의 이야기 들어보기
	동요, 동시, 동화 듣고 이해하기	· 동요, 동시, 동화를 다양한 방법으로 듣고 즐긴다.	· 동요, 동시, 동화를 다양한 방법으로 듣고 즐긴다. · 전래 동요, 동시, 동화를 듣고 우리말의 재미를 느낀다.	· 동요, 동시, 동화를 다양한 방법으로 듣고 이해한다. · 전래 동요, 동시, 동화를 듣고 우리말의 재미를 느낀다.	· 다른 나라의 동화 듣고 즐기기
	바른 태도로 듣기	· 말하는 사람을 바라보며 듣는다.	· 다른 사람의 이야기를 주의 깊게 듣는다.	· 다른 사람의 이야기를 끝까지 주의 깊게 듣는다.	· 친구의 얼굴을 바라보며 들어보기
말하기	낱말과 문장으로 말하기	· 친숙한 낱말을 발음해 본다. · 새로운 낱말에 관심을 가진다. · 일상생활에서 일어나는 일들을 간단한 문장으로 말한다.	· 친숙한 낱말을 정확하게 발음해 본다. · 다양한 낱말을 사용하여 말한다. · 일상생활에서 일어나는 일들을 간단한 문장으로 말한다.	· 정확한 발음으로 말한다. · 다양한 낱말을 사용하여 상황에 맞게 말한다. · 일상생활에서 일어나는 일들을 다양한 문장으로 말한다.	· 다른 나라의 동화를 듣고 말해보기

내용 범주	내용	세부내용			다문화 관련 내용
		3세	4세	5세	
말하기	느낌, 생각, 경험 말하기	· 자신의 느낌, 생각, 경험을 말해 본다.	· 자신의 느낌, 생각, 경험을 말한다. · 주제를 정하여 함께 이야기를 나눈다. · 이야기를 지어 말한다.	· 자신의 느낌, 생각, 경험을 적절한 낱말과 문장으로 말한다. · 주제를 정하여 함께 이야기를 나눈다. · 이야기 지어 말하기를 즐긴다.	· 자신의 생각을 말해 보기
	상황에 맞게 바른 태도로 말하기	· 상대방을 바라보며 말한다. · 바르고 고운 말을 사용한다.	· 듣는 사람의 생각과 느낌을 고려하여 말한다. · 차례를 지켜 말한다. · 바르고 고운 말을 사용한다.	· 듣는 사람의 생각과 느낌을 고려하여 말한다. · 때와 장소, 대상에 알맞게 말한다. · 바르고 고운 말을 사용한다.	· 상대방의 마음을 이해하기
읽기	읽기에 흥미 가지기	· 주변에서 친숙한 글자를 찾아본다. · 읽어 주는 글의 내용에 관심을 가진다.	· 주변에서 친숙한 글자를 찾아본다. · 읽어 주는 글의 내용에 관심을 가진다.	· 주변에서 친숙한 글자를 찾아 읽어 본다. · 읽어 주는 글의 내용에 관심을 가지고 읽어 본다.	· 외국의 그림책을 읽어 보기
	책 읽기에 관심 가지기	· 책에 흥미를 가진다. · 책의 그림을 단서로 내용을 추측해 본다.	· 책 보는 것을 즐기고 소중하게 다룬다. · 책의 그림을 단서로 내용을 이해한다. · 궁금한 것을 책에서 찾아본다.	· 책 보는 것을 즐기고 소중하게 다룬다. · 책의 그림을 단서로 내용을 이해한다. · 궁금한 것을 책에서 찾아본다.	· 외국의 그림책에 흥미를 가지기
쓰기	쓰기에 관심 가지기	· 말을 글로 나타내는 것에 관심을 보인다. · 자기 이름의 글자에 관심을 가진다.	· 말이나 생각을 글로 나타낼 수 있음을 안다. · 자기 이름을 써 본다. · 자신의 느낌, 생각, 경험을 글자와 비슷한 형태로 표현한다.	· 말이나 생각을 글로 나타낼 수 있음을 안다. · 자신의 이름과 주변의 친숙한 글자를 써 본다. · 자신의 느낌, 생각, 경험을 글자와 비슷한 형태나 글자로 표현한다.	· 세계 여러 국가의 이름 써 보기

내용 범주	내용	세부내용			다문화 관련 내용
		3세	4세	5세	
쓰기	쓰기 도구 사용하기		· 쓰기 도구에 관심을 가지고 사용해 본다.	· 쓰기 도구의 바른 사용법을 알고 사용한다.	· 다양한 도구로 국가 이름 써 보기

3) 사회관계

내용 범주	내용	세부내용			다문화 관련 내용
		3세	4세	5세	
나를 알고 존중하기	나를 알고, 소중히 여기기	· 나에 대해 관심을 갖는다. · 나와 다른 사람의 차이에 관심을 갖는다. · 나를 소중하게 여긴다.	· 나에 대해 알아 본다. · 나와 다른 사람의 차이점을 알아 본다. · 나에 대해 긍정적으로 생각하고 나를 소중하게 여긴다.	· 나에 대해 알아본다. · 나와 다른 사람의 신체적, 사회적, 문화적 차이를 존중한다. · 나에 대해 긍정적으로 생각하고 나를 소중하게 여긴다.	· 다른 사람의 소중함을 알기
	나의 일 스스로 하기	· 내가 할 수 있는 일을 알아 본다. · 내가 하고 싶은 일을 선택해 본다.	· 내가 할 수 있는 일을 해 본다. · 하고 싶은 일을 계획하고 해 본다.	· 내가 할 수 있는 일을 스스로 한다. · 하고 싶은 일을 계획하고 해 본다.	· 내가 남을 도울 수 있는 일 알아보기
나와 다른 사람의 감정 알고 조절하기	나와 다른 사람의 감정 알고 표현하기	· 자신에게 여러 가지 감정이 있음을 안다. · 다른 사람의 감정에 관심을 갖는다.	· 자신의 감정을 알고 표현한다. · 다른 사람의 감정을 안다.	· 자신의 감정을 알고 표현한다. · 다른 사람의 감정을 알고 공감한다.	· 다른 사람의 감정을 이해하기
	나의 감정 조절하기	· 자신의 감정을 조절해 본다.	· 자신의 감정을 조절해 본다.	· 자신의 감정을 상황에 맞게 조절한다.	· 나의 감정을 상대방에게 맞추어 보기

내용 범주	내용	세부내용			다문화 관련 내용
		3세	4세	5세	
가족을 소중히 여기기	가족과 화목하게 지내기	· 가족의 소중함을 안다.	· 가족의 소중함을 안다.	· 가족의 의미와 소중함을 안다.	· 다문화 가정의 소중함 알기
				· 가족과 화목하게 지낸다.	· 다문화 가정과 잘 지내기
	가족과 협력하기	· 가족 구성원을 알아본다. · 가족을 위하여 내가 할 수 있는 일을 알아본다.	· 가족 구성원의 역할에 대해 알아본다. · 가족을 위하여 내가 할 수 있는 일을 알아보고 실천한다.	· 다양한 가족구조에 대해 알아본다. · 가족은 서로 도와야 함을 알고 실천한다.	· 다문화 가정과 협력하기
다른 사람과 더불어 생활하기	친구와 사이좋게 지내기	· 친구와 함께 놀이한다. · 나와 친구의 의견에 차이가 있음을 안다.	· 친구와 협동하며 놀이한다. · 친구와의 갈등을 긍정적인 방법으로 해결한다.	· 친구와 협동하며 놀이한다. · 친구와의 갈등을 긍정적인 방법으로 해결한다.	· 다문화 가정 친구와 잘 지내기
	공동체에서 화목하게 지내기	· 교사 및 주변 사람과 화목하게 지낸다.	· 도움이 필요할 때 다른 사람과 도움을 주고받는다. · 교사 및 주변 사람과 화목하게 지낸다.	· 다른 사람과 도움을 주고받고, 서로 협력한다. · 교사 및 주변 사람과 화목하게 지낸다.	· 다양한 배경의 친구와 잘 지내기
	사회적 가치를 알고 지키기	· 다른 사람의 소유물을 존중한다. · 약속과 규칙을 지켜야 함을 안다.	· 정직하게 말하고 행동한다. · 다른 사람의 생각, 행동을 존중한다. · 친구와 어른께 예의 바르게 행동한다. · 다른 사람과 한 약속이나 공공규칙을 지킨다. · 자연과 자원을 아끼는 습관을 기른다.	· 정직하게 말하고 행동한다. · 다른 사람을 배려하여 행동한다. · 친구와 어른께 예의 바르게 행동한다. · 다른 사람과 한 약속이나 공공규칙을 지킨다. · 자연과 자원을 아끼는 습관을 기른다.	· 서로 다르지만 소중함을 이해하기

내용 범주	내용	세부내용			다문화 관련 내용
		3세	4세	5세	
사회에 관심 갖기	지역사회에 관심 갖고 이해하기	· 우리 동네의 이름을 안다. · 우리 동네 사람들에 관심을 갖는다.	· 우리 동네에 대해 알아본다. · 우리 동네 사람들이 하는 일에 관심을 갖는다. · 물건을 살 때 돈이 필요함을 안다.	· 우리 동네에 대해 알아본다. · 다양한 직업에 관심을 갖는다. · 일상생활에서 돈의 쓰임에 대해 안다.	· 다양한 이웃을 알아보기
	우리나라에 관심 갖고 이해하기	· 우리나라를 상징하는 것에 관심을 가진다. · 우리나라의 전통놀이와 풍습에 관심을 갖는다.	· 우리나라를 상징하는 것을 안다. · 우리나라의 전통놀이와 풍습에 관심을 갖는다. · 우리나라에 대해 자부심을 갖는다.	· 우리나라를 상징하는 것을 알고 예절을 지킨다. · 우리나라의 전통, 역사, 문화에 관심을 갖는다. · 우리나라에 대해 자부심을 갖는다.	· 다른 나라의 상징, 풍습, 역사에 관심 갖기
	세계와 여러 문화에 관심 가지기		· 세계 여러 나라에 관심을 갖는다. · 다양한 인종과 문화에 관심을 갖는다.	· 세계 여러 나라에 대해 관심을 갖고, 서로 협력해야 함을 안다. · 다양한 인종과 문화를 알아보고 존중한다.	· 다른 나라의 문화와 인종에 관심 갖기

4) 예술경험

내용 범주	내용	세부내용			다문화 관련 내용
		3세	4세	5세	
아름다움 찾아보기	음악적 요소 탐색하기	· 다양한 소리, 음악의 셈여림, 빠르기, · 리듬 등에 관심을 갖는다.	· 다양한 소리, 음악의 셈여림, 빠르기, · 리듬 등에 관심을 갖는다.	· 다양한 소리, 악기 등으로 음악의 셈여림, 빠르기, 리듬 등을 탐색한다.	· 여러 나라의 악기 알아보기

내용 범주	내용	세부내용			다문화 관련 내용
		3세	4세	5세	
아름다움 찾아보기	움직임과 춤 요소 탐색하기	· 움직임과 춤의 모양, 힘, 빠르기 등에 관심을 갖는다.	· 움직임과 춤의 모양, 힘, 빠르기 등에 관심을 갖는다.	· 움직임과 춤의 모양, 힘, 빠르기, 흐름 등을 탐색한다.	· 여러 나라의 민속 춤 추워 보기
	미술적 요소 탐색하기	· 자연과 사물의 색, 모양, 질감 등에 관심을 갖는다.	· 자연과 사물의 색, 모양, 질감 등에 관심을 갖는다.	· 자연과 사물의 색, 모양, 질감, 공간 등을 탐색한다.	· 세계의 명화를 감상해 보기
예술적 표현하기	음악으로 표현하기	· 간단한 노래를 듣고 따라 부른다. · 전래동요를 즐겨 부른다. · 리듬악기로 간단한 리듬을 표현해 본다. · 간단한 리듬과 노래를 즉흥적으로 만들어 본다.	· 노래로 자신의 생각과 느낌을 표현한다. · 전래동요를 즐겨 부른다. · 리듬악기를 연주해 본다. · 간단한 리듬과 노래를 즉흥적으로 만들어 본다.	· 노래로 자신의 생각과 느낌을 표현한다. · 전래동요를 즐겨 부른다. · 리듬악기를 연주해 본다. · 리듬과 노래 등을 즉흥적으로 만들어 본다.	· 외국의 전래동요를 불러보기
	움직임과 춤으로 표현하기	· 신체를 이용하여 주변의 움직임을 자유롭게 표현한다. · 움직임과 춤으로 자신의 생각과 느낌을 표현한다. · 도구를 활용하여 다양한 움직임으로 표현한다.	· 신체를 이용하여 주변의 움직임을 자유롭게 표현한다. · 움직임과 춤으로 자신의 생각과 느낌을 표현한다. · 도구를 활용하여 다양한 움직임으로 표현한다.	· 신체를 이용하여 주변의 움직임을 자유롭게 표현하며 즐긴다. · 움직임과 춤으로 자신의 생각과 느낌을 표현한다. · 다양한 도구를 활용하여 창의적으로 움직인다.	· 외국의 음악을 춤으로 표현해 보기
	미술 활동으로 표현하기	· 다양한 미술활동을 경험해 본다.	· 다양한 미술활동으로 자신의 생각과 느낌을 표현한다.	· 다양한 미술활동으로 자신의 생각과 느낌을 표현한다.	· 외국의 미술활동을 경험해 보기
		· 미술활동에 필요한 재료와 도구에 관심을 가지고 사용한다.	· 협동적인 미술활동에 참여한다. · 미술활동에 필요한 재료와 도구를 다양하게 사용한다.	· 협동적인 미술활동에 참여하며 즐긴다. · 미술활동에 필요한 재료와 도구를 다양하게 사용한다.	

내용 범주	내용	세부내용			다문화 관련 내용
		3세	4세	5세	
예술적 표현하기	극놀이로 표현하기	· 일상생활의 경험을 극놀이로 표현한다.	· 일상생활의 경험이나 간단한 이야기를 극놀이로 표현한다. · 소품, 배경, 의상 등을 사용하여 협동적으로 극놀이를 한다.	· 경험이나 이야기를 극놀이로 표현한다. · 소품, 배경, 의상 등을 사용하여 협동적으로 극놀이를 한다.	· 외국의 극놀이 알아보기
	통합적으로 표현하기	· 예술 활동에 참여하여 표현과정을 즐긴다.	· 음악, 움직임과 춤, 미술, 극놀이 등을 통합하여 표현한다. · 예술 활동에 참여하여 표현과정을 즐긴다.	· 음악, 움직임과 춤, 미술, 극놀이 등을 통합하여 표현한다. · 예술 활동에 참여하여 창의적으로 표현하는 과정을 즐긴다.	· 통합적인 예술 활동에 참여하기
예술 감상하기	다양한 예술 감상하기	· 다양한 음악, 춤, 미술작품, 극놀이 등을 듣거나 본다. · 나와 다른 사람의 예술 표현을 소중히 여긴다.	· 다양한 음악, 춤, 미술작품, 극놀이 등을 듣거나 보고 즐긴다. · 나와 다른 사람의 예술 표현을 소중히 여긴다.	· 다양한 음악, 춤, 미술작품, 극놀이 등을 듣거나 보고 즐긴다. · 나와 다른 사람의 예술 표현을 소중히 여긴다.	· 다른 나라의 예술작품을 즐겨 보기
	전통예술 감상하기	· 우리나라의 전통 예술에 관심을 갖는다.	· 우리나라의 전통 예술에 관심을 갖는다.	· 우리나라의 전통 예술에 관심을 갖고 친숙해진다.	· 다른 나라의 전통 예술에 관심 갖기

5) 자연탐구

내용 범주	내용	세부내용			다문화 관련 내용
		3세	4세	5세	
탐구하는 태도 기르기	호기심을 유지하고 확장하기	· 주변 사물과 자연세계에 대해 호기심을 갖는다.	· 주변 사물과 자연세계에 대해 지속적으로 호기심을 갖는다.	· 주변 사물과 자연세계에 대해 지속적으로 호기심을 갖고 알고자 한다.	· 주변의 다양한 세계에 호기심 갖기

내용 범주	내용	세부내용			다문화 관련 내용
		3세	4세	5세	
탐구하는 태도 기르기	탐구과정 즐기기	· 궁금한 점을 알아보는 과정에 흥미를 갖는다.	· 궁금한 점을 알아보는 탐구과정에 관심을 가지고 참여한다.	· 궁금한 점을 알아보는 탐구과정에 참여하고 즐긴다. · 탐구과정에서 서로 다른 생각에 관심을 갖는다.	· 서로 다른 생각을 존중하기
	탐구기술 활용하기		· 일상생활의 문제를 해결하는 과정에서 탐색, 관찰 등의 방법을 활용해 본다.	· 일상생활의 문제를 해결하는 과정에서 탐색, 관찰, 비교, 예측 등의 탐구기술을 활용해 본다.	· 다양한 탐구 경험 가져 보기
수학적 탐구하기	수와 연산의 기초개념 알아보기	· 생활 속에서 수에 관심을 갖는다. · 구체물 수량의 많고 적음을 비교한다. · 다섯 개 가량의 구체물을 세어 보고 수량에 관심을 갖는다.	· 생활 속에서 수의 여러 가지 의미를 안다. · 구체물 수량에서 '같다', '더 많다', '더 적다'의 관계를 안다. · 열 개 가량의 구체물을 세어 보고 수량을 알아본다.	· 생활 속에서 사용되는 수의 여러 가지 의미를 안다. · 구체물 수량의 부분과 전체 관계를 알아본다. · 스무 개 가량의 구체물을 세어 보고 수량을 알아본다. · 구체물을 가지고 더하고 빼는 경험을 해 본다.	· 다른 나라의 수 알아보기
	공간과 도형의 기초개념 알아보기	· 나를 중심으로 앞, 뒤, 옆, 위, 아래를 알아본다. · 물체의 모양에 관심을 갖는다.	· 위치와 방향을 여러 가지 방법으로 나타내 본다. · 기본 도형의 특성을 인식한다. · 기본 도형을 사용하여 여러 가지 모양을 구성해 본다.	· 위치와 방향을 여러 가지 방법으로 나타내 본다. · 여러 방향에서 물체를 보고 그 차이점을 비교해 본다. · 기본 도형의 공통점과 차이점을 알아본다. · 기본 도형을 사용하여 여러 가지 모양을 구성해 본다.	· 지구본을 통한 나라 위치 찾기

내용 범주	내용	세부내용			다문화 관련 내용
		3세	4세	5세	
수학적 탐구하기	기초적인 측정하기	· 두 물체의 길이, 크기를 비교해 본다.	· 일상생활에서 길이, 크기, 무게 등을 비교해 본다.	· 일상생활에서 길이, 크기, 무게, 들이 등의 속성을 비교하고, 순서를 지어 본다. · 임의 측정 단위를 사용하여 길이, 면적, 들이, 무게 등을 재 본다.	· 다른 나라의 측정 단위 비교해 보기
	규칙성 이해하기	· 생활주변에서 반복되는 규칙성에 관심을 갖는다.	· 생활주변에서 반복되는 규칙성을 알아본다. · 반복되는 규칙성을 인식하고 모방한다.	· 생활주변에서 반복되는 규칙성을 알고 다음에 올 것을 예측해 본다. · 스스로 규칙성을 만들어 본다.	· 여러 가지 규칙성 알아보기
	기초적인 자료 수집과 결과 나타내기	· 같은 것 끼리 짝을 짓는다.	· 필요한 정보나 자료를 수집한다. · 한 가지 기준으로 자료를 분류해 본다.	· 필요한 정보나 자료를 수집한다. · 한 가지 기준으로 분류한 자료를 다른 기준으로 재분류해 본다. · 그림, 사진, 기호나 숫자를 사용해 그래프로 나타내 본다.	· 수집한 자료를 다양하게 분류해 보기
과학적 탐구하기	물체와 물질 알아보기	· 친숙한 물체와 물질의 특성에 관심을 갖는다.	· 친숙한 물체와 물질의 특성을 알아본다. · 물체와 물질을 여러 가지 방법으로 변화시켜 본다.	· 주변의 여러 가지 물체와 물질의 기본 특성을 알아본다. · 물체와 물질을 여러 가지 방법으로 변화시켜 본다.	· 여러 가지 물체와 물질에 관심 갖기

내용 범주	내용	세부내용			다문화 관련 내용
		3세	4세	5세	
과학적 탐구하기	생명체와 자연환경 알아보기	· 나의 출생과 성장에 대해 관심을 갖는다. · 주변의 동식물에 관심을 가진다. · 생명체를 소중히 여기는 마음을 갖는다.	· 나의 출생과 성장에 대해 관심을 갖는다. · 관심 있는 동식물의 특성을 알아본다. · 생명체를 소중히 여기는 마음을 갖는다. · 생명체가 살기 좋은 환경에 대해 관심을 갖는다.	· 나와 다른 사람의 출생과 성장에 대해 알아본다. · 관심 있는 동식물의 특성과 성장 과정을 알아본다. · 생명체를 소중히 여기는 마음을 갖는다. · 생명체가 살기 좋은 환경과 녹색환경에 대해 알아본다.	· 다른 나라의 동식물에 관심 갖기
	자연현상 알아보기	· 돌, 물, 흙, 등 자연물에 관심을 갖는다. · 날씨에 관심을 갖는다.	· 돌, 물, 흙, 등 자연물의 특성과 변화를 알아본다. · 날씨와 기후변화에 관심을 갖는다.	· 돌, 물, 흙 등 자연물의 특성과 변화를 알아본다. · 낮과 밤, 계절의 변화와 규칙성을 알아본다. · 날씨와 기후변화 등 자연현상에 대해 관심을 갖는다.	· 세계 국가의 시각 비교하기
	간단한 도구와 기계 활용하기	· 생활 속에서 간단한 도구와 기계에 관심을 갖는다. · 도구와 기계의 편리함에 관심을 갖는다.	· 생활 속에서 간단한 도구와 기계를 활용한다. · 도구와 기계의 편리함에 관심을 갖는다.	· 생활 속에서 간단한 도구와 기계를 활용한다. · 변화하는 새로운 도구와 기계에 관심을 갖고 장단점을 안다.	· 여러 나라의 자동차 이름 알아보기

3. 표준보육과정의 0~2세 교육내용

누리과정에 제시되어 있지 않은 0~2세 아동의 교육 내용은 표준보육과정(2007)에서 살펴볼 수 있는데 다문화 요소 및 수준별 내용을 다음 〈표 3-1〉에 제시한다(유흥옥, 2011).

표 3-1 표준보육과정에 기초한 다문화 요소 및 수준별 내용

영역	내용범주	다문화 요소 및 수준별 내용	
		2세 미만	2세
신체운동	감각 및 신체 인식	• 신체 탐색하기 - 손과 발 등을 바라보며 탐색한다. - 얼굴, 몸 등 신체부분을 탐색한다. - 팔과 다리 등 신체부분의 움직임을 탐색한다.	• 신체를 인식하고 움직이기 - 손, 발, 얼굴 등 기본적인 신체 명칭을 안다. - 신체 각 부분의 명칭을 안다. - 신체 각 부분의 움직임을 탐색한다.
사회관계	자기 존중	• 자신을 분리된 존재로서 인식하기 - 자신의 모습과 다른 사람의 모습을 구별한다. - 자신의 몸을 스스로 움직일 수 있음을 안다.	• 자신을 다른 사람과 구별하기 - 다른 사람이 자신을 부를 때 반응한다. - 다른 사람과 구별되는 자신에 대해 안다.
	정서 인식과 조절	• 자신의 정서를 느끼고 표현하기 - 다양한 얼굴표정에 반응한다. - 다양한 음성과 소리를 듣고 반응한다. - 자신의 감정과 욕구를 다른 사람이 알게끔 표현한다.	• 다른 사람의 정서에 관심 가지기 - 다른 사람의 정서에 관심을 갖는다. - 다른 사람의 정서를 인식하고 반응을 보인다.

영역	내용범주	다문화 요소 및 수준별 내용	
		2세 미만	2세
	사회적 관계	• 다른 사람에게 관심 가지기 - 다른 사람과 시선을 맞춘다. - 다른 사람을 관찰하고 모방한다.	• 가족관계 이해하기 - 자신에게 가족이 있음을 안다. - 가족 구성원을 안다. • 또래에게 관심을 가지기 - 다른 영아와 함께 지내는 것을 경험한다. - 다른 영아와 의사소통한다. - 다른 영아와 함께 놀이를 한다.
예술경험	심미적 탐색	• 소리, 움직임, 시각적 자료에 호기심 가지기 - 주위의 다양한 소리와 움직임에 호기심을 갖는다. - 친근한 사물의 미술적 요소(색, 질감)에 호기심을 갖는다.	• 주변 환경의 예술적 요소 탐색하기 - 주변 환경에서 나는 다양한 소리와 움직임을 탐색한다. - 주변 환경에서 미술적 요소(색, 질감, 형태)를 탐색한다.
예술경험	예술적 표현	• 모방 행동 즐기기 - 소리나 얼굴표현, 몸동작 등을 모방한다. • 단순한 미술 경험 시도하기 - 미술적 요소(색, 질감)가 담긴 감각적 경험을 한다.	• 리듬 있는 소리, 노래, 춤으로 표현하기 - 노래나 리듬에 맞춰 춤추기를 즐긴다. • 모방과 단순한 가작놀이하기 - 모방 행동을 놀이처럼 즐긴다. - 일상생활에서 경험한 가작화 놀이를 즐긴다.
예술경험	예술 감상	• 소리나 노래 즐겨 듣기 - 일상생활의 리듬 있는 소리와 노래를 관심 있게 듣는다.	• 주변 환경 속의 예술적 요소에 관심 갖고 즐기기 - 자연과 생활의 소리나 움직임, 친근한 음악과 춤을 관심 있게 보고 듣는다. - 자연과 사물에서 미술적 요소(색, 질감)에 관심을 가지고 즐겨 본다.
의사소통	듣기	• 소리 구분하여 듣기 - 다양한 소리와 말소리 듣기에 흥미를 보인다.	• 말소리 구분하여 듣기 - 다양한 말소리에 담긴 감정을 느낀다.

영역	내용범주	다문화 요소 및 수준별 내용	
		2세 미만	2세
	말하기	• 발성과 발음으로 소리내기 - 다양한 소리를 내고 옹알이를 한다. - 다양한 말소리를 낸다.	• 자신의 느낌과 생각 말하기 - 자신의 감정을 말로 표현한다.
	읽기		• 글자 모양에 흥미를 가지기 - 글자가 기초가 되는 모양을 구분한다.
자연탐구	탐구적 태도	• 주변의 사물과 환경에 관심 가지기 - 주변의 여러 가지 사물과 환경에 관심을 가진다. • 탐색 반복하기 - 관심 있는 사물을 반복하여 탐색한다.	• 주변의 사물과 환경에 호기심 가지기 - 주변의 여러 가지 사물과 현상에 대해 호기심을 가지고 궁금해 한다. • 반복적 탐색 즐기기 - 관심 있는 사물을 반복하여 탐색하기를 즐긴다.
	수학적 탐구	• 주변 공간 탐색하기 - 주변 공간을 탐색한다.	
	과학적 탐구	• 주변 생명체에 관심 가지기 - 주변 환경의 움직이는 생명체를 지각한다. - 자신과 주변 사람의 신체 부분을 탐색한다. - 주변의 자연현상(바람, 해, 비, 눈 등)이 주는 시각적 · 촉각적 자극을 느낀다.	• 주변 생명체의 외적 특성 알기 - 주변의 애완동물이나 작은 곤충 등의 특성을 지각한다. - 익숙한 동물의 기본 특성(색깔, 생김새 등)에 관심을 가진다. - 자신의 신체 각 부분의 특성을 안다. - 주변 사람의 신체적 특징(목소리, 움직임 등)을 구분한다. • 자연현상 인식하기 - 다양한 자연현상(바람, 눈, 비, 낮, 밤 등)을 인식한다.

제4장

유아 다문화교육의 원리와 방법

1. 유아 다문화교육의 원리
2. 유아 다문화교육의 교수방법
3. 유아 다문화교육의 접근방법

1. 유아 다문화교육의 원리

원리를 알면 방법이 보인다. 다문화교육의 원리를 알아봄으로써 다문화교육 방법을 찾을 수 있다.

김영옥(2011)은 유아교육의 교수-학습 활동방법의 근거가 될 수 있는 교수-학습의 원리를 다음과 같이 10가지로 제시하고 있다.

첫째, 다문화교육은 인간이 중심이 되어야 하며 생명존중이나 인권존중과 관련된 교육활동으로 제공할 수 있다.

다문화교육은 문화의 전달과 교류를 통하여 인간과 환경 간의 관계와 이해에 관심을 가지고 있다. 세계 여러 나라의 집을 다룬다고 할 때 돌담집, 이글루, 초가집 등 집의 다른 모습은 결국 사는 곳에 따라 형태나 종류는 다르지만(다양성) 집이 필요하다(공통성)는 삶의 방식을 느끼게 된다.

둘째, 다문화교육은, 감성교육에서 다루고 있는 긍정적 자아개념, 감정이입, 타인 정서 이해, 배려, 존중의 내용이 포함되며 반편견교육, 세계이해교육, 평화교육 등과 연계하여 접근하는 것이 바람직하다.

주변에서 다양한 생활장면이나 삶의 지혜를 찾아내어 공감함으로써 감정이입하게 되고 편견을 줄이게 된다. 아프리카인의 가족 사랑, 의식주와 그들의 집 안팎에서의 진솔한 삶을 보면서 반편견교육 또는 세계이해교육과 연계할 수 있다.

셋째, 다양성 속에서 동질성을 파악하기 위해 각기 다른 문화권의 소재에서 같은 주제를 찾거나 또는 같은 주제를 각기 다른 다양한 장면으로 연계할 수 있다.

그림책 『순이와 어린동생』(한림, 1989), 『피터의 의자』(시공사, 1996), 『내 인형이야』(보림, 2003)는 각기 다른 문화권에서의 형제애를 그려 내고 있다. 이들 그림책을 '우리가족'과 연계하여 다양한 교육활동을 생각해 볼 수 있다. 또한 동생에게 들려주는 '자장가'가 여러 문화권에 존재하며, 신데렐라 이야기가 전세계에 있는 것, 사방치기(Hopscotch)가 세계 여러 나라에서 유사하게 사용되고 있는 것도 같은 맥락에서 이해될 수 있다.

넷째, 다문화교육은 인종, 성, 장애, 언어, 직업, 연령, 능력, 시간, 장소, 사상 등을 포함한 다양한 교육활동으로 제공할 수 있다.

다문화교육의 내용은 '다문화적 사고와 인식을 제공할 수 있는 것'이므로 내용이 정해져 있는 것은 아니다. 즉, 언어에도 음성언어, 문자언어, 수화 등 다양하게 세분화하여 적용될 수 있고 직업에도 대분류에 속하는 것 이외에 미래에 가능한 직업, 이를테면 향기제조업자, 냄새 맡는 전문가, 우주여행가이드, 로봇수리 전문가 등으로 그 대상을 얼마든지 확대할 수 있다.

다섯째, 다문화교육은 학교교육 과정의 여러 영역에 통합될 수 있다.

유치원교육과정은 현재 건강, 사회, 표현, 언어, 탐구생활의 5개 영역으로, 보육과정은 사회관계, 의사소통, 자연탐구, 예술경험, 신체운동, 기본생활의 6개영역으로 구분되어 있다. 다문화교육은 상당히 제한적으로 인식하는 경우가 많으나 생활주제와 연계하여 활동을 전개할 수 있는 방안이 탐색되고 있다. 공놀이를 증진시키는 외국동화나 다양한 언어를 소개하는 그림, 화산지역을 탐색하거나 민속작품의 꽃이나 나비에 대한 섬세한 이야기 등은 신체건강 또는 언어나 탐구활동으로 안내될 수 있다. 또한 다른 나라나 지방, 도서 벽지의 독특한 민요와 예술품, 소장품 등은 예술경험이나 표현활동으로 연계할 수 있다.

여섯째, 다문화교육은 교육에 적용되고 있는 자기표현, 토의하기, 문제해결, 추론하기, 모델링 등의 다양한 교수-학습 방법을 사용할 수 있다.

다른 문화를 소개한다는 소극적인 생각에 머물러, 그저 보여주기나 설명하기를 대표적인 교수-학습 방법으로 간주하기 쉬우나 다양한 문화를 체감하고 이를 음악, 문학, 미술과 같은 자기 표현 또는 조형적 협동 활동으로 연계하는 것이 바람직하다. 인도의 웅덩이에 빠진 코끼리를 건지는 방법이나 제주도 전통대문의 상징을 이해하는 방법, 광산촌에서 해변가로 물건을 나르는 방법 등은 문제해결이나 추론하기의 소재로 다루어질 수 있다. 소개에 그치기보다 문제해결 과정에 사회 문화적 특성이나 환경이 반영되고 사고의 확장에 다양한 삶의 모습이 투영된다면 교육의 질적 효과를 극대화할 수 있다.

일곱째, 다문화교육은 사진, 그림책, 놀잇감, 생활소품, 예술품 등의 다양한 자원과 자료를 활용할 수 있다.

다문화교육은 나와 다른 문화를 전제로 하기 때문에 나의 경험과 공간적으로 떨어져 있을 수 있다. 그러므로 그와 같은 문화와 경험을 끌어들이기 위해 가장 쉽게 동원할 수 있는 것이 사진이나 그림자료, 인터넷 검색을 통한 정보자료다. 그러나 가까이 있는 실물로서 놀잇감, 신발, 열쇠고리, 머리핀, 화폐, 인형 등과 같은 생활소품이나 지역과 환경이 반영된 토속적 예술품 등이 활용될 수 있다. '동글이의 진짜 이름'(한국어린이육영회, 1995)은 다른 문화권에서 생활용도를 논의해 볼 수 있으며 '부메랑'은 그들의 의식주를 가늠케 한다. 화로, 찻잔, 가죽띠, 바로크풍의 의자, 먹물그림, 작은 젓가락 받침 등도 다양한 생활양육문화와 건축문화를 인식하게 하는 잠재적 도구와 교재가 될 수 있다.

여덟째, 다문화교육은 생활경험으로부터 상상력을 포괄적 경험으로 확장될 수 있다.

다문화교육은 유아교육 현장에서 실시하는 여러 활동으로부터 가능하므로 일상생활에 스며들도록 체감하고 느끼게 하는 것이 바람직하다. 또한 유아교육은 통합적 특성을 본질로 하고 있어 보다 다양한 학문분야의 지원을 받을 수 있다.

아홉째, 다문화교육은 공동의 목표를 추구하는 교육활동을 제공할 수 있다.

아이들에게 공동의 목표를 추구하는 활동을 제공함으로써 상호 간에 가치 있는 협력자, 친구로서의 인식을 강화할 수 있으며, 질적인 협동학습이 일어나게 할 수 있다. 또한 세계의 공동 관심사, 즉 현재 세계적으로 이슈가 되고 있는 시사적인 문제에 대해 신문, TV매체 또는 인터넷을 활용하여 참여할 수 있도록 격려함으로써 토의하기, 의견 공유하기, 문화적인 이해와 문제해결, 다른 사람의 생각 수용하기 등 다양한 관점에서 바라볼 수 있는 시각을 길러 줄 수 있다. 예를 들면, 자연재해(인도네시아 지진해일)에 관한 사건, 주변의 기부 또는 자선행위에 대하여 감정이입 또는 문제해결 방법을 동원할 수 있다. 행위의 형태나 양식은 다르지만 다른 사람과 소유물을 나누고 배려하는 목적이나 목표가 같음이 교육활동으로 다루어질 수 있다.

열째, 다문화교육을 담당하는 교사는 객관적 윤리와 가치를 지향하는 데 관심을 가져야 한다.

다양성은 '아무것이나' 또는 '극단적인 유별함'을 인정하는 것이 아니라 차별을 승화시켜 차이를 인정하는 일이다. 따라서 교사는 우리 사회 구성원이 합의하는 바람직한 윤리와 도덕 및 가치에 바탕을 두고 공동의 규범과 상당히 거리가 있는 문화나 형태에 대하여 어떻게 수용하고 접근해야 하는지를 항상 고민해야 한다.

2. 유아 다문화교육의 교수방법

다문화교육의 원리에 따라 다문화 교수방법을 구체화할 수 있다. Bennet(2007)는 다문화 교수법을 다음 〈그림 4-1〉과 같이 제시하고 있다(김영옥, 2011).

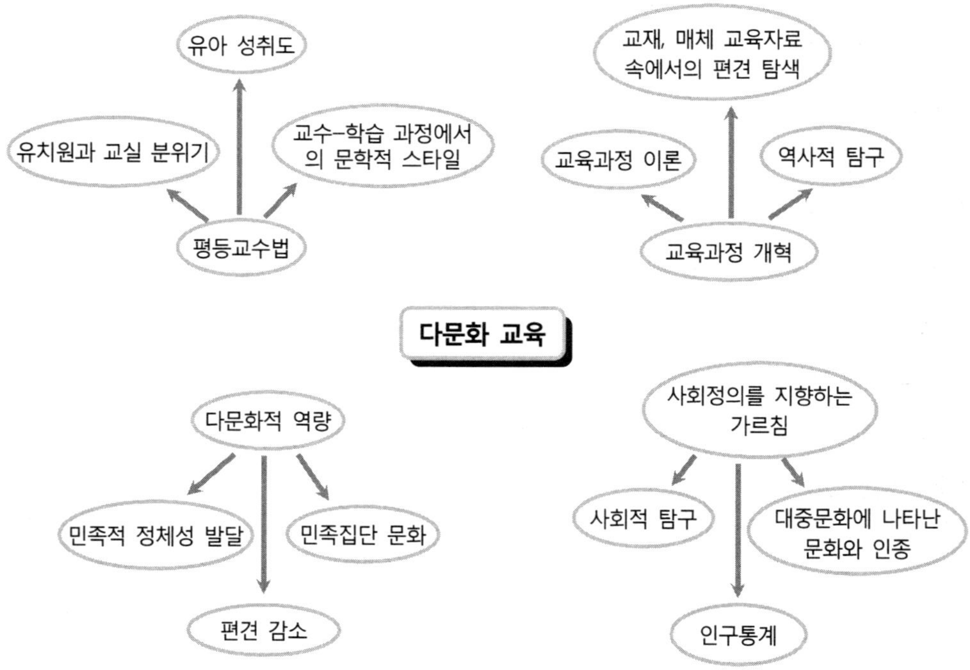

〈그림 4-1〉 다문화 교수법의 개념도

Banks의 다문화교육 접근법 4개 수준에 따라 유아 다문화교육에 적용하여 개발한 교수전략을 제시하면 다음과 같다(박찬옥 외, 2011).

Banks(2008)가 제시한 모델을 단계에 따라 제시하면 아래 〈그림 4-2〉와 같다.

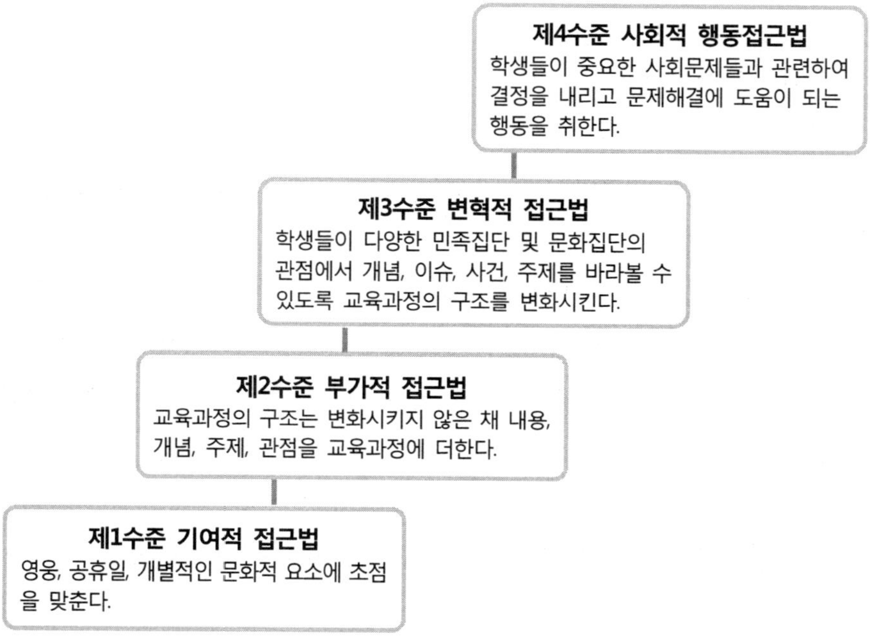

〈그림 4-2〉 다문화 교육과정 개혁을 위한 접근법들

1) 제1수준 : 기여적 접근법(Contribution Approach)

이 단계에서 유아교사들은 기존의 교육과정에 축제, 영웅, 민족적 음식, 춤과 같은 민족 및 문화집단의 주제들을 첨가할 수 있다. 그러나 이 과정에서 자칫하면 민족적 · 문화적 편견을 길러줄 가능성이 있기 때문에 조심스럽게 접근해야 한다. 예를 들어, 오늘날의 일본인들은 일반적으로 기모노를 입지 않음에도 전형적인 방식으로 접근함으로써 유아들 뿐만 아니라 교사 자신도 다문화적 관점을 적용하는데 혼돈을 일으킬 수 있다. 자칫 관광식 접근이라

는 비판을 받기 쉽다.

2) 제2수준 : 부가적 접근법(Addictive Approach)

이 단계는 교육과정 변화의 첫 단계로써(Banks, 2006) 교사가 어린이의 발달적 특성에 맞게 개념의 제시를 어떻게 조직하느냐가 관건이다. 4~5세 유아들과 함께 실행할 때 활용할 수 있는 교수-학습 전략을 〈그림 4-2〉를 통해 살펴볼 수 있다.

핵심주제는 집과 학교에서 즐겨 먹는 것들이고 개념은 음식이다. 이 주제를 중심으로 문학, 사회학습, 수학, 과학 활동을 할 수 있다.

여기에서 제시한 교수-학습 방법 및 전략들은 현재 우리나라 유치원에서 많이 활용하는 주제중심의 통합교육과정과 상당히 유사하다.

3) 제3수준 : 변혁적 접근법(The Transformation Approach)

구체적 변화가 시작되는 단계인 이 단계에서 교사들은 교육과정을 재구성해야 한다. 교육 내용은 어린이들이 관련되고 다룰 수 있는 사회적 정의영역으로 초점화되어야 한다. 변혁적 접근에 근거한 내용은 학생들의 다양한 시각으로부터 이슈들을 탐색할 수 있도록 해야 하는데 유아교사들의 경우, 자원 및 자료를 선택할 때 유아들의 흥미와 발달수준을 고려해야 한다. 어린이 주변 세계에 있는 실재를 고려하는 것이 교육과정 타당도와 문화적 반응성을 만드는데 결정적이다. 반응적이라는 말은 어린이들이 자신의 문화뿐만 아니라 친구들의 문화도 탐색할 기회를 주어야 한다는 뜻이다. 이 단계에서 교사들은 항상적 계획과 변화를 이끌 탄력성, 이 두 가지가 중요함을 명심해야 한다.

4) 제4수준 : 사회적 행동접근법

(The Decision-making and Social Action Approach)

가장 높은 단계로써 "변혁적 접근의 모든 요소에다 아이들이 학습한 단원(주제)의 개념, 이슈, 문제들과 관련하여 의사결정과 실천을 포함하고 있다"(Banks, 2006). 이 단계에서 유아교사들은 다음의 두 가지를 염두에 두어야 한다.

- 어린이들에게 사회적 비판력을 준비시켜라 : 사회적 상황을 분석하고 사회적 변화과정에 참여하도록 돕는다.
- 의사결정자로 준비시켜라 : 의사결정 기술을 배우도록 돕는다.

4단계 교육과정은 유아 교육적 맥락에서 볼 때 선택적일 수 있다. 이 단계는 아이들이 다룰만한 이슈 선정이 관건이다. 어린이에게 적절한 주제를 찾는 방법 중의 하나는 사회 공동체, 국가 또는 국제적 수준에서의 사회적 실천과 관련된 가능한 영역의 목록을 창출하는 것이다. 이를 위해 교사에게는 좋은 관찰력과 분석적 능력이 필요하다.

3. 유아 다문화교육의 접근방법

유아 다문화교육을 위한 접근방법은 다양하다. 여기서는 유아들에게 다문화교육을 실행하기 위해 한국적 상황에서 적용하기에 적합한 생활주제를 중심으로 접근방법과 통합적 접근방법에 대하여 제시하고자 한다(김혜숙, 2011).

1) 생활주제 중심 접근

생활주제란 유아들을 학습시킬 내용 또는 유아들이 학습할 수 있는 내용을 비슷한 것끼리 계열별로 묶어 계획한 것을 의미한다. 이 내용은 유아교육의 목표를 달성하게 하는 것이며 유아의 발달적 요구에 부응하는 것이어야 한다. 따라서 다문화교육에 있어서도 유아교육을 전개하려면 생활주제를 중심으로 내용을 구성하여 유아의 흥미와 요구, 학습 상황에 맞게 전개하는 것이 중요하다.

유아의 바람직한 성장을 도모하기 위해 교육 방법을 선택하는 일은 매우 중요하다. 어떤 내용으로 교육적인 경험을 제공할 것인지를 결정하고, 이러한 경험을 어떤 순서로 계열화할 것인지를 정하는 일은 매우 중요하다. 특히 우리를 둘러싼 실제 생활환경 속에서 발생하는 관심과 흥미를 적절한 학습 환경으로 구성할 때 유아는 지식과 기술, 태도 등을 교사의 지시나 설명보다는 일상생활의 직접적인 경험을 통해서 더 잘 학습한다. 유아의 주변에서 일어나는 일, 특별한 상황, 매일의 일상생활과 관련된 체험을 통하여 활동을 전개하는 것은 유아들에게 친숙한 활동이 될 수 있다. 이런 점에서 생활주제는 유아들에게 자연스럽게 접근할 수 있는 학습 내용으로 유아교육 현장에서 다양하게 활용할 수 있는 주제가 된다. 따라서 교사가 유아들의 발달에 적합하고 효율적인 학습경험을 제공하기 위해 의미 있는 생활주제를 선정하는 것은 매우 중요하다.

유아를 위한 교육에 있어 생활주제를 중심으로 구성하고 운영하는 것은 가장 보편적인 운영 방법들 중의 하나이다. 생활주제 중심의 접근은 유아들에게 흥미롭고 친숙한 주제를 중심으로 다양한 영역에서 활동하는 것을 의미한다. 현재 유아교육 현장에서는 주로 '우리나라'와 '세계 여러 나라' 등의 주제에서만 제한되어 다루고 있으므로 다문화가 지니고 있는 복합성과 다양성을 제대로 제공하지 못하고 있다. 따라서 다문화교육은 연간 생활주제를 중심으로 유아의 사고를 확장시킬 수 있도록 모든 생활주제와 연계하여 연간계획으로 다양하게 실시되어야 한다.

2) 통합적 접근

다문화교육에서 통합이란 우리 사회의 주류 문화에 소수 문화가 일방적으로 적응해야 한다는 것을 의미하지는 않는다. 모든 유아들은 서로가 가진 차이와 다양성을 받아들이고 이질적인 상대의 존재를 존중하고 수용하는 것을 의미한다. '다양함의 공존'은 동질과 이질에 대한 갈등 과정을 통하여 또한 자신을 포함한 인간의 모순과 한계성을 발견하고 인정하는 과정을 통해 얻어진다. 이러한 과정은 어떠한 편견이나 선입견도 갖지 않는 유아기에 이루어져야 하며 모든 유아가 경험해야 할 하나의 과정이다. 따라서 바람직한 교육이란 모든 개인이 최적의 교육을 받는 것으로 모든 유아들에게 평등한 교육이 되도록 교육 환경이나 제반 여건을 재구조화할 필요가 있다. 즉 통합교육으로 다문화 가정 유아와 일반 가정 유아 어느 한쪽도 소외되지 않고 양쪽 모두 바람직한 교육의 수혜자가 되도록 하여야 한다.

또한 교육에 있어서도 통합적인 방법으로 접근하여 여러 영역에 다문화적 내용을 포함하여 각각의 교육 활동들을 통합적으로 운영해야 한다. 영역별 통합이란 건강생활, 사회생활, 표현생활, 언어생활, 탐구생활 등의 교육 내용이 분리되지 않고 한 가지의 활동 안에서 자연스럽게 이루어지도록 하는 것으로, 각 개별 활동들이 서로 관련되어 전개됨으로써 주제와 개념을 습득하는 데 효과적인 방법이다. 통합적 접근 방법은 주제를 중심으로 활동경험을 조직하므로 활동이 역동적이고 생산적일 수 있으며, 과목이나 영역별 활동이 아닌 통합된 교육과정을 가능하게 한다. 특히 어린 유아일수록 통합교육은 더욱 중요하다.

제5장

유아 다문화교육에 대한 평가

1. 유아 다문화교육 평가의 목적
2. 유아 다문화교육 평가의 방법

1. 유아 다문화교육 평가의 목적

유아 다문화교육의 평가는 제1장에서 제시한 유아 다문화교육의 목적과 목표가 얼마나 충실하게 달성되었는지를 평가하기 위한 것이다.

다문화교육에서의 평가 목적을 구체적으로 살펴보면 다음과 같다(김혜숙, 2011).

첫째, 다문화교육을 실시하기에 적절한 프로그램으로 교육적인 효과가 있는지 알아보는 데 있다.

둘째, 다문화교육 프로그램에 포함되어 있는 활동의 내용과 방법이 유아의 발달에 적합한지 알아보는 데 있다.

셋째, 유아들이 갖고 있는 고정관념과 편견에 대한 비판적 사고가 함양되고 타 문화에 대한 긍정적인 태도가 증진되었는지 알아보는 데 있다.

넷째, 평가를 통해 유아들의 흥미와 관심, 요구를 분석하고 이에 근거하여 더욱 효과적인 활동을 계획하는 데 있다.

다섯째, 평가 결과는 평가 자체로만 끝나는 것이 아니라 기록하여 차후 교육계획 수립에 중요한 자료로 활용하는 데 있다.

여섯째, 평가 결과를 부모들에게 알려 유아나 교육기관에 협조받아야 할 사항을 파악하고 유아 및 부모들에게 도움이 될 수 있는 교육 활동을 계획하는 데 있다.

앞서 살펴본 다문화교육 평가의 목적에 근거하여 유아들의 행동 변화 및 다문화교육과 관련된 다양한 정보를 수집, 분석하고 올바른 다문화교육이 이루어질 수 있도록 유아교육 전반에 양적 · 질적 평가가 실시되어야 한다.

2. 유아 다문화교육 평가의 방법

모든 학교교육의 평가가 그러하듯이 유아 다문화교육의 평가도 유아, 교사, 부모, 프로그램 평가의 네 영역으로 나누어 접근할 수 있다. 그 구체적인 평가방법을 제시하면 다음과 같다(김혜숙, 2011).

1) 유아 평가

(1) 관찰법

관찰법은 평가의 대상인 유아를 주의 깊게 지각하고 기록하는 것으로 다른 방법에서는 얻기 어려운 실질적인 정보를 수집할 수 있으며, 다른 방법으로 수집된 정보를 보완하는 기능을 한다. 관찰을 할 때는 관찰의 목표를 분명하게 설정하고 관찰한 내용을 되도록 객관적으로 기록하도록 하며 기록된 자료를 분석하여 차후의 활동에 반영하도록 한다. 관찰은 대체로 기록, 해석, 평가의 세 단계의 과정을 거친다.

첫 번째 단계는 관찰한 것을 기록하는 과정이다. 기록은 교사가 관찰한 장면을 가능한 자세하고 객관적으로 적어야 한다.

두 번째 단계는 기록한 것을 해석하는 과정이다. 교사가 눈으로 관찰한 장면을 넘어 유아가 보이는 행동의 원인, 그 행동을 할 때의 감정 등을 추측해 보고 기록된 자료의 의미를 찾아보는 과정이다.

세 번째 단계는 기록, 해석한 것을 평가하는 과정으로, 축적된 관찰 자료를 바탕으로 현재의 발달 상태와 이해수준에 대하여 앞으로의 방향 제시를 위한 결론을 내리는 단계이다.

(2) 면담

면담은 교사가 개별 유아 혹은 소집단의 유아들과의 대화를 통해 자료를 수집하고 평가하는 방법으로 유아에 대해 심층적이고 다양한 내용을 알 수 있으며, 개개인의 특성에 맞는 정보를 제공받을 수 있다. 특히 면담은 유아의 인지적 평가에 사용되기도 하지만 주로 정의적인 영역인 태도, 흥미, 인성, 관심사 등을 이해하는 데 더 많이 활용되고 있다. 면담은 관찰만으로 얻기 어려운 구체적인 정보를 파악할 수 있어 귀중한 자료를 얻을 수 있으나 유아의 언어적 · 인지적 능력에 따라 대화를 이해하는 정도가 달라질 수 있으므로 이를 유의해야 한다. 또한 객관성과 신뢰성, 타당성을 높이기 위해서는 교사의 면담 기술과 훈련이 요구된다.

면담을 실시할 때 교사는 유아의 말이 유아의 사고 전체를 나타낸다고 평가해서는 안 된다. 유아의 개념과 사고 과정을 보다 정확하게 파악하기 위해서 교사는 유아의 대답을 기초로 유아의 생각을 알아보기 위한 질문을 하거나 다양한 대답을 유도하여 유아의 사고를 종합적으로 판단하려는 노력을 해야 한다. 특히 일관성과 정확성, 명료함과 충분함, 광범위함을 고려하여 면담을 실시해야 할 것이다.

(3) 포트폴리오 평가

유아의 작품을 분석하는 것은 유아의 행동 특성과 발달수준을 평가할 수 있는 좋은 방법으로 포트폴리오 평가는 작품 분석 중 최근에 가장 빈번히 사용되는 방식이다. 포트폴리오(portfolio)란 유아의 발달과 학습에 관한 기록과 증거들을 시간의 흐름에 따라 구체적인 목적을 갖고 조직적으로 모아

놓은 것이다. 즉 포트폴리오는 유아가 무엇을 배웠는지, 어떻게 그 학습을 이루어 냈는지, 어떻게 생각하고 질문하고 분석하고 창조했는지, 타인과의 지적 · 정서적 · 사회적 상호작용은 어떠했는지 등 유아들의 학습과정 전반에 대한 기록인 것이다. 따라서 이러한 평가 방법은 유아의 행동 특성과 발달수준에 대한 실제적인 정보를 얻을 수 있으며, 유아의 잠재적 능력이나 내면의 세계, 유아가 다른 사람을 보는 방법 등을 이해하는 데 효과적인 방법이다.

포트폴리오를 통한 평가를 유익하게 활용하려면 무엇보다 포트폴리오 평가에 대한 교사와 부모, 유아의 이해가 선행되어야 한다. 왜냐하면 포트폴리오 평가가 교사나 유아 단독으로 이루어지는 평가가 아니라 유아의 수행을 중심으로 교사, 부모의 협동에 의한 평가 방법이기 때문이다. 따라서 교사는 유아의 작품을 정기적으로 수집하는 것뿐만 아니라 수집된 작품에 날짜와 그 작품에 대한 유아의 설명이나 태도, 교사의 의견 등을 기록해 놓는다. 또한 부모는 가정에서 유아의 활동에 관심을 가지고 기관과 연계한 활동이나 프로그램에 적극 참여하여 유아의 수행에 도움을 주도록 한다.

2) 교사 평가

교사는 다문화교육의 이론과 실제에 대한 충분한 지식과 능력을 갖추기 위해 재교육을 통하여 끊임없이 노력해야 하고 교육 프로그램의 운영과 관련된 제반 사항과 다문화교육에 대한 의식이나 전문성에 대해 지속적인 평가가 이루어져야 한다.

교사는 유아와의 상호작용을 통해 가장 직접적인 영향을 미치므로 교사에 대한 평가는 교육 평가의 중요한 부분을 차지하고 있다. 자기 평가는 교사 스스로 자신의 교수활동을 평가하는 방법으로 교사 개인의 성장을 촉진하고 교수 방법을 향상시키며 자율성과 전문성을 신장해 교사의 질적 향상을 도모할 수 있는 방법이다.

따라서 유아교육기관의 교사를 평가할 때는 다음의 내용들이 다루어져야 한다.

- 신체적 건강 상태, 능동적인 태도, 예의 바른 태도, 바른 자세 등의 신체에 관한 내용
- 적극성, 정서적 안정감, 자제력, 협동심, 융통성, 성실성, 배려심, 긍정적인 인간관, 공정성, 부모 및 동료 교사와의 원만한 관계, 자신에 대한 긍지 등의 인성에 관한 내용
- 다양한 방면의 풍부한 지식, 순발력, 언어 사용 능력, 문제해결 능력, 창의력 등의 교양 및 지적 능력에 관한 내용
- 사명감, 열의, 전문성 신장을 위한 노력, 책임감, 수용적 태도, 직업윤리 등의 교사 사명감에 관한 내용
- 교육과정 재구성 능력, 실천 능력, 평가 능력, 교재 · 교구 제작 및 활용 능력, 적절한 자극 및 개입 정도, 융통성 있는 활동 운영 능력 등의 기관 운영에 관한 내용
- 다문화교육에 대한 이해, 교육과정에 대한 지식, 기본 생활지도 및 상담, 다양한 활동 방법에 대한 지식, 평가에 관한 지식 등의 전문성에 관한 내용

3) 부모 평가

유아교육기관과 가정과의 연계성이 강조되는 유아교육 현장에서는 부모교육 및 부모참여의 중요성이 매우 높다. 부모 평가는 부모가 참여하는 참여 수준에 따라 평가 내용과 방법이 다를 수 있으나 일반적으로 부모가 습득한 지식이나 태도에 의해 다음과 같이 평가된다.

첫째, 부모면담이나 설문지를 통해 부모가 습득한 새로운 지식이나 태도

에 대한 자료를 수집할 수 있고, 관찰을 통해 부모가 유아에게 제공하는 자극이나 경험, 양육 방법 등에 대해 보다 구체적인 자료가 수집되기도 한다. 이때 양육태도 및 행동에 관한 다양한 검사들을 활용할 수 있다.

둘째, 부모참여 활동도 평가 자료로 활용할 수 있다. 즉 가정통신문의 지시에 의한 부모의 반응이나 부모회의 참석률, 자원봉사 참여 정도, 교사와의 면담 등의 기록이 평가 자료가 된다.

셋째, 유아들에게 나타나는 태도나 행동의 변화를 평가의 자료로 활용할 수 있다. 즉, 교육기관에서 실시한 활동과 지속적인 반응을 통해 부모교육의 효과를 볼 수 있다.

4) 프로그램 평가

유아교육 현장에서 프로그램 평가를 정기적으로 실시하여 그 결과를 차후 활동 계획 수립에 활용하도록 하여 유아교육의 질을 개선하고 프로그램의 효율성을 높이도록 한다. 프로그램의 효율성을 정확하게 평가하기 위해서는 프로그램의 목표에 근거하여 가이드라인을 설정하고 이에 따른 평가가 이루어져야 한다.

다문화교육 프로그램을 평가할 때에는 다음과 같은 사항을 고려할 수 있다.

- 다문화 가정 유아와 일반 가정 유아 모두를 대상으로 하되 일반 가정 유아가 다문화 가정 유아를 이해하는 것에 더 높은 비중을 두었는가?
- 지역사회의 사회 · 문화적 맥락을 고려하여 다문화 가정을 이룬 부모의 출신 국가의 문화를 주로 소개하고 이해할 수 있도록 가족과 연결시켜 활동에 반영하였는가?
- 교육과정 안에 여러 나라의 문화를 반영하여 구체적이며 직접적인 경험

을 할 수 있는 내용이 포함되어 있는가?

- 다양한 문화를 이해하고 수용함으로써 유아들이 가지고 있는 편견이 감소되었는가?
- 긍정적인 자아개념과 친사회적 행동이 증진되었는가?
- 다문화적 내용을 일과운영 속에 자연스럽게 통합시켰는가?
- 프로그램의 주제는 유아의 발달에 적합한가?
- 유아들이 흥미를 느낄 수 있도록 다양한 활동 유형으로 구성하였는가?
- 여러 나라의 문화에 대한 지식과 이해를 높일 수 있는 실물이나 사진, 그림, 정보 자료, 생활소품, 예술품 등 구체적인 자료를 제시하였는가?
- 다양한 경험을 통하여 다문화적 지식과 태도를 습득할 수 있도록 하였는가?
- 대 · 소집단과 개별 활동이 균형을 이루었는가?
- 교사 주도 활동보다 자유선택활동에 충분한 시간을 제공하였는가?

제6장

유아 다문화교육의 발전 과제

1. 다문화 가정의 문제점과 과제
2. 유아 다문화교육 담당교사
3. 유아 다문화교육을 위한 교실환경

1. 다문화 가정의 문제점과 과제

우리나라 다문화 가정의 문제를 김영옥(2011)은 유아, 학부모, 교사, 지역사회의 측면에서 정리하고 이러한 문제를 해결하기 위한 미래의 과제를 다음과 같이 제시하였다.

1) 유아

- 한국어가 서툰 모의 양육으로 자녀의 언어발달 지체, 문화부적응 등이 보인다.
- 대체로 결손 가정으로 이행되는 확률이 높다.
- 부의 무관심과 모의 의사소통 부재로 인해 방치되는 경우가 많다.

2) 학부모

- 다문화 가정의 대다수는 사회 · 경제적으로 취약하며 농촌의 경우 편차가 심하다.
- 모와 부의 나이, 학력 격차가 심한 경우에 적응이 어렵다.
- 강한 종교적 신념으로 결혼한 경우 가정이 유지되지만 그렇지 않은 경우 문화적 차이로 인해 이혼하는 경우가 많다.
- 시댁 및 남편의 이해 부족으로 바깥활동에 제약을 받는 경우가 있다.
- 의사소통이 되지 않는 경우 원이나 기관과의 교류가 이루어지지 않는다

(남편이나 시부모의 역할이 중요하나 무관심한 경우가 많음).

- 모의 국적(일본, 중국, 우즈베키스탄, 필리핀, 베트남 등) 및 배경이 다양하다(유아 교육에 대한 중요성이나 인식이 부족하고 다양함).
- 농촌의 경우 이웃과 교류할 수 있는 문화적 공간이 부족하다.
- 분리된 다문화교육보다는 일반 학부모와 함께하는 통합교육을 원하고 있다.

3) 교사(유치원/어린이집)

- 다양한 부모의 배경에 대한 접근방법이 부족하다.
- 다문화교육에 대한 이해가 필요하며 관련 자료 및 전문 인력도 부족하다.
- 교사를 지원하는 체계적인 지원 프로그램이 미흡하다.
- 일반 학부모들의 다문화 가정 이해교육이 필요하나 잘 이루어지지 않고 있다(터부시하거나 다문화 가정과의 교류가 거의 없음, 친구로 사귀는 것조차 꺼려하는 경향이 있음, 문화적으로 열등하다고 생각해 차이가 아닌 차별의식을 가짐).
- 체계적인 도움을 주는 프로그램이나 자료, 강사 등의 지원이 미흡하다('다문화 우리말 교실〈교육부〉', '한국어 5단계 과정, 다문화 가정 e-배움 캠페인〈보건복지부〉' 등과 같은 프로그램이 있음).

4) 지역사회

- 지자체, 다문화가족지원센터, 지방문화원 등 이주여성을 대상으로 프로그램을 운영하고 있으나 일회성 행사로 진행되고 있다.
- 이주여성의 정착 연수(1-10년 이상)를 감안한 다양한 프로그램 지원이 미흡하다.
- 남편 및 함께 지내야 하는 가족에게 이주여성 국가의 문화 및 간단한

의사소통을 위한 언어능력을 배양할 필요가 있다.

- 대부분 취업(임시직, 아르바이트, 과수농사 등)을 하고 있기 때문에 지자체에서 운영하는 프로그램 참여 및 학교에서 운영하는 프로그램 참여가 어렵다.

5) 미래의 과제

앞서 살펴본 다문화 가정의 문제를 해결하기 위한 미래의 과제를 살펴보면 다음과 같다.

첫째, 체계적 네트워크 구성 관련 부처 간의 협의 및 연계가 미흡하므로 통합적 지원시스템 구축이 요구된다.

둘째, 쌍방향의 프로그램 운영보다는 우리 글, 우리 문화에 대한 일방향적인 프로그램만이 운영되고 있으므로 다문화 가정의 언어 및 문화와 교류할 수 있는 프로그램이 필요하다.

셋째, 이주여성 국가에 대한 정체성 및 자긍심을 심어 줄 수 있는 프로그램 운영이 요구된다. 즉, 자아와 정체성을 기초로 교육과정에 다문화적 가치를 반영할 필요가 있다.

넷째, 상담 및 교육 프로그램을 강화하고 네트워크를 구축하는 데 도움이 되어야 한다. 따라서 개인을 넘어선 가족 및 공동체 단위인 프로그램 구안이 필요하다.

다섯째, 결혼한 이주여성의 가구 절반이 최저생계비 이하 소득 수준이므로 장기적으로 구조적 실업, 보육 및 교육 기회를 확대해야 한다.

여섯째, 한국어로 원활한 의사소통이 어려우므로 이들은 의료, 건강 등을 포함한 자녀의 보호와 교육을 위한 기초 상식에 있어서도 거의 사각지대에 있다. 그러므로 다문화 가정 학부모의 자녀지도 역량을 강화해야 한다.

일곱째, 다문화 가정 지원을 위한 인프라 구축이 요구된다.

2. 유아 다문화교육 담당교사

유아 다문화교육을 실천할 교사에게는 다문화교육의 목표를 실현하기 위하여 다문화교육의 실천을 위한 의지 철학, 신념뿐만 아니라 교수-학습자료 개발과 교육과정의 전개 그리고 교사의 반성과 평가의 모든 면에서 자질과 능력이 길러져야 한다. 여기서는 유아 다문화교육을 담당할 교사의 역할, 자질, 자세 그리고 인식 전환에 대하여 제시하고자 한다(김혜숙, 2011; 박찬옥 외, 2011).

1) 유아 다문화 담당교사의 역할

유아교육 현장에서 다문화교사의 역할을 정리하면 다음과 같다.

(1) 다문화교육에 대한 전반적인 이해의 역할

교사의 다문화교육에 대한 이해 부족으로 유아들에게 전혀 다른 방향의 교육을 실시할 수 있기 때문에 먼저 교사가 다문화교육에 대한 전반적인 내용을 이해해야 한다. 특히 유아들 간의 문화의 차이를 이해하고, 다양성, 편견, 신념에 대한 교사 자신의 생각이 확고해야 한다. 따라서 유아들을 차별이 아닌 독특성과 관련된 문화의 다양성을 이해하고 유아들이 갖고 있는 문화적인 차이를 인정하고 존중하도록 해야 한다. 유아들은 교사를 통해 문화적인 차이를 이해하고 받아들일 수 있기 때문이다.

(2) 통합교육 적용자로서의 역할

교사들은 유아의 연령과 발달에 적합한 다문화적 태도, 기술, 지식을 가지고 모든 교육과정 안에 통합적으로 적용시켜야 한다. 또한 유아교육기관에서 실시하고 있는 생활주제와 다문화적 내용을 일과운영 속에서 자연스럽게 포함시켜 교육과정 안에 문화 이해, 편견 감소, 평등성, 정체성 형성, 민족과 인종의 다양성, 공동체 사회를 위해 함께 노력하고 협력하는 것을 교육내용으로 통합하여 구성해야 한다.

(3) 다양한 경험 제공자로서의 역할

교사는 유아들이 세계를 바라보는 시야를 넓히고 다른 세계에 대한 긍정적인 태도를 형성할 수 있도록 다양한 경험을 제공하고 지도해야 한다. 이를 위해 여러 가지 인적 · 물적 자원을 활용하여 유아들이 반편견적인 태도를 갖도록 해야 한다.

(4) 다양한 환경 제공자로서의 역할

교사는 여러 나라의 문화를 반영한 다양한 환경을 제공해야 한다. 따라서 유아들이 생활하고 있는 교실의 환경구성은 다문화적 성격이 나타나도록 여러 나라의 문화에 대한 지식과 이해를 높일 수 있는 실물이나 사진, 그림, 정보 자료, 생활소품, 예술품 등의 구체적인 자료를 제시하여 다양한 다문화에 대한 지식과 이해를 높일 수 있도록 한다.

(5) 적극적인 상호작용자로서의 역할

교사들은 유아들과 언어적 · 사회적 상호작용을 통하여 사회적 지식, 기술, 태도가 긍정적으로 형성될 수 있도록 지도해야 한다. 즉, 유아들과의 적극적인 상호작용을 통해 유아들이 사회성을 발달시키는 데 도움을 주어야 한다.

2) 유아 다문화 담당교사의 자질

유아 다문화교육 담당교사의 자질을 김혜숙(2011)은 보건복지부의(2009) 자료를 참고하여 다음과 같이 문화적 역량이 높은 교사를 중심으로 제시하고 있다.

(1) 문화적 역량이 높은 교사의 특징

첫째, 문화권에 따라 자녀양육 방식, 생활양식, 의사소통 방식이 다를 수 있음을 인정하고 이를 존중한다.

둘째, 교사가 다문화 가정의 모든 문화적 특성과 가치를 이해하거나 알 수는 없으나 문화적 차이로 인해 발생할 수 있는 왜곡된 해석을 방지하고 다문화 가정 유아의 건전한 발달을 지원하기 위해 다문화 가정 부모와 유아의 문화를 이해하려는 열린 태도를 가지고 있다.

셋째, 다문화 가정의 부모와 유아의 다른 상황과 욕구를 이해하고 적절하게 반응할 수 있다.

(2) 문화적 역량이 높은 교사의 행동

첫째, 다문화 가정의 부모와 유아의 특성을 고려한 서비스를 제공한다.

둘째, 다문화 가정의 가치, 신념, 종교, 자녀양육 방식, 생활 양식을 존중한다.

셋째, 이중언어를 존중한다.

넷째, 문화에 따라 의사소통 방식에 차이가 있음을 이해하며 다문화 가정 부모의 언어적 · 비언어적 메시지를 오해하지 않는다.

다섯째, 한국적 개입 방법이 다문화 가정의 가치 및 신념과 충돌할 가능성이 있음을 인지하고 개입 과정에서 차별과 편견 요소를 제거한다.

여섯째, 효율적이고 적절한 교육을 제공하기 위해서 다문화 가정의 부모와 유아에 대한 적절한 평가를 할 수 있어야 한다.

일곱째, 문화가 다른 사람들은 서로 다른 견해를 가질 수 있다는 인식과 다른 사람이 지니고 있는 가설과 가치관에 대한 명확한 이해를 위해 노력해야 한다. 또한 자신의 문화적 특성을 고수하면서 다른 문화를 이해하고 수용할 수 있는 능력을 함양하도록 노력해야 한다.

여덟째, 먼저 이중언어를 존중한다. 부모와의 의사소통에서 언어적 장벽을 해결하는 방안을 마련하여야 한다. 만일 언어적 장벽이 존재할 때, 교사는 언어에 의존하는 것을 줄이는 방법을 사용할 수 있어야만 한다.

아홉째, 다른 문화에 대한 지식이나 이해에 있어서 항상 완전히 통달하거나 현재 상황을 아는 것이 아니기 때문에, 다문화 가정 부모와 아동을 좀 더 효과적으로 대하기 위해 자신에게 조언해 줄 수 있는 여러 가지 문화적 배경을 가지고 있는 전문가와 상호 교류할 필요가 있다.

열 번째, 다문화 가정의 문제는 단순히 심리적 어려움에만 국한되지 않는다. 따라서 교사는 사회복지적 차원이나 법률적 지원 등 삶의 위기를 해결할 수 있는 다양한 실제적 자원을 연계하는 사회적 연결망(social network approach)을 구축할 수 있어야 한다.

(3) 문화적 역량이 높은 교사가 되기 위한 준비

첫째, 문화권에 따라 자녀양육 방식(예: 자녀훈육 방식, 자녀에게 옷을 입히는 방식, 배변훈련 방식, 수유 방식, 자조기술 교육 방식, 자녀의 장래에 대한 기대)과 양육에 대한

가치, 신념에 어떠한 차이가 있는지 알아본다.

둘째, 문화권에 따라 생활양식(예: 교육 양식, 가족의 역할, 종교, 성 역할, 의료 방식, 관습이나 미신, 행복감, 서구 의료 기술에 대한 선호 등)에 어떠한 차이가 있는지 알아본다.

셋째, 문화권마다 의사소통 방식(눈마주침, 상호 간의 거리, 몸짓 사용, 대화주제, 인사 방식, 유머 사용, 질문과 응답 방식 등)에 어떠한 차이가 있는지 알아본다.

넷째, 다른 나라의 예술품이나 미술품을 감상한다.

다섯째, 다른 나라의 음악이나 춤을 감상하고 신체 동작으로 표현해 본다.

여섯째, 간단한 우리 말과 노래를 외국어로 바꿔 보거나 노래를 불러 본다.

일곱째, 다른 나라의 요리를 만들어 보고, 요리의 특징이나 그 나라 요리의 유래를 알아본다.

여덟째, 다른 민족이나 인종에 관한 내용을 담고 있는 게임을 해 본다.

아홉째, 다양한 민족의 독특한 생활 풍습, 기념일, 축제 등을 조사하고 그 역사를 알아본다.

열 번째, 다문화 가정의 부모와 유아에 대하여 적절한 평가를 할 수 있는 방법을 습득한다.

다문화교육 10대 교사 가이드라인

1. 교사는 다문화교육을 담당할 수 있는 적절한 지식, 태도, 기능을 습득하고 있어야 한다.
2. 교사는 우리 사회를 구성하고 있는 다양한 민족 집단들의 역사와 문화에 대한 기본적인 지식을 갖추고 있어야 한다.
3. 교사는 인종적 편견이나 고정관념의 문제점을 인식하고 이에 대해 반성적 사고를 할 수 있어야 한다.
4. 교사는 유아들이 가지고 있는 인종적 편견과 민족적 고정관념을 파악하여 이를 변화시키도록 노력해야 한다.
5. 교사는 교육과 관련된 학습 자료에 인종차별적 요소가 있는지 파악하고 이를 개선해 나가야 한다.
6. 교육에서 다문화 가정의 유아들에 의해 만들어진 여러 자료(면담 자료, 책, 미디어 자료

등)를 활용하고, 그들의 견해에 관심을 가져야 한다.
7. 다문화교육 시에는 유아들의 발달 단계를 고려하여 개념, 내용, 활동 등을 적절히 적용해야 하며, 유아들에게는 보다 구체적 접근을 하도록 한다.
8. 교사의 기대는 유아들의 자아존중감과 학업 성취에 영향을 미치므로 다문화 가정 유아들이 자아존중감을 확립하고 높은 학업 성취를 위해 그들의 가능성을 인정하고, 격려해 주어야 한다.
9. 교사는 다양한 인종적, 민족적 배경의 학생들이 어울려 학습할 수 있도록 장을 마련해야 한다.
10. 다문화 가정의 부모와 유아들이 교육시설의 행사나 활동 참여에 능숙하지 않다하더라도 절대 배제되어서는 안 되며, 반드시 참여하도록 해야 한다.

– 작성자: 멀티에듀

유아 다문화교육을 담당할 교사의 인식은 전환되어야 한다. 다문화교육의 성공을 위하여 필요한 교사의 인식전환에 대하여 박찬옥 외(2011)는 다음과 같이 설명하였다.

편견 없는 다문화교사가 되기 위해서는 의식적으로 부단히 노력한다 하더라도 그렇게 되기란 매우 어려운데 이는 대부분의 교사들은 그들 스스로 학생들에게 해를 끼칠만한 편견은 갖고 있지 않다고 여기기 때문이다. 교사의 편견이 유아에게 나쁜 영향을 주던 그렇지 않던 간에 부정적 효과는 여전하고 교사들은 계속적인 자기 행동과 태도의 반성과정이 필요하다.

교사들이 각각 유아들의 독특한 문화를 가치 있는 자산으로 인정할 때 교사들은 다문화 가정 유아들의 문화를 보다 잘 이해하게 된다. 반대로 교사들이 다문화 가정과 관련된 문화를 부족하고 결핍된 것으로 여긴다면 교사는 결코 다문화 가정 유아들의 문화를 이해하지 못하고 이들 문화들이 학교에 긍정적 공헌을 할 것이라는 기대도 할 수 없다. 또한 종교, 성, 사회 경제적 지위, 학생들의 학업성취, 개인의 특성, 좌석의 위치, 외모, 글쓰기, 말하기의 특징, 체취 등과 같은 여러 가지 요소들이 복잡하게 얽혀서 교사 기대치 형성에 영향을 끼친다. 이런 모든 것들은 서로 연결되어 있고 따로 분리해서 생각하는 것은 어렵다. 그러므로 이런 변인들을 교사들은 심사숙고하여 유아들에 대하여 어떻게 하면 적절한 기대감을 형성할 수 있을지에 대해 고민해 볼 필요가 있다.

다문화 사회에서는 인종적 이슈는 교실에서 의심할 여지없이 발생할 것이며 교사들은 겉으로 드러나거나 감춰진 인종적 과오나 오점을 잘 인식하여 적절한 방법으로 유아들을 일깨워 주어야 한다. 교사는 유아들의 인종에 관한 태도를 형성하는 데 큰 영향을 끼친다. 그러므로 교사는 인종적 이슈에 민감해야 하며 통합적으로 접근하여야 한다. 또한 교사들은 교실에서 인종적 비방이나 농담들이 사용될 때 적절히 대응해야 한다.

가족 구성원에 대한 개념의 광범위한 인식은 유아교사에게 매우 중요하다. 친척의 유무 및 친밀도, 양육방식 등을 안다는 것은 교사가 적절히 개입하고 발달에 적합한 서비스를 제공할 때 도움이 된다. 가족에 대한 이해를 통해 다문화 가정이 가지고 있는 고유한 문화적 자산을 파악할 수도 있다. 오늘날 사회적 변화는 모든 문화권에서 발생하므로 가정에 대한 상투적이고 편협적 인식은 피하는 것이 좋다. 유아교사가 다양한 가정에 관한 긍정적인 철학을 정립하기 위해서는 다음과 같은 신념을 형성해야 함을 강조하였다.

- 교실현장에서 만나게 되는 모든 가정은 중요하다.
- 가정은 유아의 양육에 있어 가장 풍부한 자원이다.
- 모든 가정은 자녀가 잘 성장하길 바란다.
- 모든 가정과 가족 구성원은 교실현장에서 서로 돕는다.
- 교사는 가정으로부터 유아를 알고 이해할 수 있는 정보를 제공받는다.

다문화교육에서 교사와 유아의 상호작용은 매우 중요한 핵심 요소이다. 교육에서 교사와 유아들 간의 효율적인 상호작용을 해야 한다. 교사는 다양한 인종, 성, 계층의 유아를 대할 때 어떤 유아에게는 지속적으로 긍정적인

반응만을 보이거나 어떤 유아에게는 부정적인 반응만을 보여서는 안 된다.

유아에 대한 상호작용의 질은 종종 상호작용의 빈도와도 관련 있다. 교사는 인종, 사회 경제적 지위, 성을 초월하여 모든 유아들과의 상호작용 빈도가 편중되지 않도록 의식적인 노력을 해야 한다. 이러한 의식적인 태도변화가 역량 있는 다문화적 교사가 될 수 있도록 하는 지름길이 된다.

비언어적 의사소통 방법이 언어적 반응과 상충될 때, 유아들은 교사의 언어적 반응만큼 비언어적 반응에도 민감히 반응한다.

교사들은 성취도가 낮은 유아집단을 면밀히 탐색해 보아야 한다. 교사는 성취도가 높은 유아집단에는 보다 더 긍정적 반응을 보였는지 아니면 더 적게 한 것이 아닌가를 반성해 보아야 한다. 교사는 자신의 문화적 신념이 유아들을 분류하는데 많은 영향을 준다는 것을 검토해 볼 필요가 있다. 교실은 통합적이어야 하고 다른 문화를 가진 모든 유아를 존중해야 한다. 흥미롭게도 교사와 유아 간 문화적 차이가 존재할 때 교사들은 종종 유아들의 행동을 부정적으로 판단하는 경우가 높다.

교사들은 피부색에 따른 인종뿐 아니라 모든 유아들에 대해 그들의 명칭화하는 방법을 고찰해 볼 필요가 있다. 교사가 유아들의 가정환경에 친숙해지는 것은 유아를 전인적 관점에서 이해할 수 있는 시각을 갖게 하는데 도움이 된다.

교사들이 각각의 유아들에게 다양하게 반응할 수 있는 또래 유아들에 따라 허용되는 반응시간의 정도에도 차이가 있다. 일반적으로 유아들은 교사의 기대라고 생각하는 기준에 따라 반응하고 이는 자기충족적 예언이 된다.

3. 유아 다문화교육을 위한 교실환경

유아들은 교실에서 교사와 친구와의 상호작용을 통하여 다문화 관련 학습 목표를 달성하기 위해 다양한 활동을 한다. 그러한 활동이 효율적으로 이루어지려면 적합한 교실환경이 필요하다. 따라서 유아들의 다문화 관련 학습 활동의 성취를 돕는 다양한 요소들의 유기적 연관을 짓는 교실환경의 구성은 필수적인 요소이다.

다음의 〈그림 6-1〉의 교실환경에서 다문화 교실환경에 대한 교사의 실천적 지식을 적절하게 제공하면서도 포괄적인 인식을 가능하게 한다(박찬옥 외, 2011).

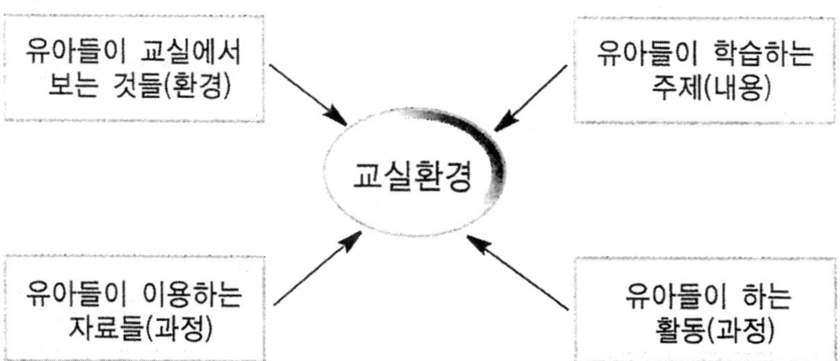

출처 : Melendze & Berk(2009).

〈그림 6-1〉 다문화교육 환경 맵

교사는 다문화 환경구성을 계획하고 구성할 때, 다문화교육에서 무엇이 우선되어야 하는지 목표를 정확하게 인식하는 것이 필요하다. 다문화교육을 위한 환경구성을 할 때 고려할 사항은 다음과 같다(김혜숙, 2011).

첫째, 유아의 발달수준을 고려하여 환경을 구성한다. 유아의 욕구와 흥미를 충족시킬 수 있도록 연령과 발달에 적합한 다양한 교재 · 교구를 비치하여 유아들이 쉽게 문화를 경험하고 탐색할 수 있도록 구성한다.

둘째, 활동 영역들이 통합될 수 있도록 환경을 구성한다. 활동이 특정한 한 영역에서만 이루어지거나 특정한 주제(세계 여러 나라 등)에 국한되어 전개되지 않고 모든 영역 안에 통합되어 지속적으로 진행될 수 있도록 전 영역에 걸쳐 구성한다. 언어, 미술, 음률, 도서, 역할, 수, 쌓기 영역 등 거의 모든 영역에 자연스럽게 다문화교육을 위한 환경을 마련해 준다.

셋째, 주변 세계를 자유롭게 탐색하여 다양한 경험을 할 수 있도록 각 영역마다 충분한 자료를 마련한다. 유아의 흥미와 욕구를 불러일으킬 수 있도록 각 흥미 영역에 다양한 문화 요소가 포함될 수 있도록 구성한다. 즉 여러 나라의 문화에 대한 이해를 높일 수 있는 실물이나 사진, 그림, 정보 자료, 생활소품, 예술품 등 다양한 교재 · 교구를 준비해 둔다.

넷째, 교육 자료 선정 시 다양한 삶의 모습을 제시해 줄 수 있고 고정관념이나 편견의 내용이 들어 있지 않는 교재 · 교구를 제공해 주도록 한다. 각 흥미 영역에 다양성을 고려한 충분한 자료를 제공해 주되 편견의 요소를 가지고 있는 자료는 없는지 살펴보아야 한다. 교육 자료로서 반편견 교구나 비성차별적인 자료를 준비하고, 자료 구비 시 아동의 특성과 가족 그리고 지역사회 고려, 다양한 그림이나 포스터, 다른 시각적 자료를 사용하며 실제 생활과 관련된 자료를 제공해 주어야 한다.

다섯째, 유아가 또래 및 환경과 적극적으로 상호작용을 경험할 수 있도록 환경을 구성한다. 사회화 기회를 제공할 수 있는 영역별 활동이 자유롭게 이루어질 수 있으며, 각 영역의 대 · 소집단 활동이 활성화될 수 있도록 잘 정돈하여 영역별로 구분하여 구성한다.

마지막으로 유아들의 독립심과 자발성을 촉진시킬 수 있도록 환경을 구성

해야 한다. 무엇보다 교재 · 교구는 유아들이 손쉽게 접할 수 있는 적합한 크기여야 하며, 성인의 도움 없이 선택하고 꺼낼 수 있도록 낮은 선반에 비치한다. 또한 정리 정돈을 쉽게 할 수 있도록 다양한 소품을 둔 용기나 선반, 정리장에 국가명을 포함한 그림 라벨을 붙여 주어 그 나라의 문화를 이해할 수 있도록 제시하면 더욱 효과적이다.

유아 다문화 교실환경의 구성요소에 대해 적절한지를 평가하기 위해서는 체크리스트가 필요하다.

Kendall(1996)은 다문화 교실환경의 다양성과 적합성을 평가하기 위한 체크리스트를 다음과 같이 개발하였다.

다문화 교실환경의 체크리스트

1 전반적인 평가

1. 전반적으로 분위기가 부드럽고 호의적인가?
   - 벽면은 밝고 기분 좋은 색깔인가?
     예 ( ) 아니오 ( )
   - 교실은 깨끗하고 깔끔한가?
     예 ( ) 아니오 ( )
   - 촉감이 부드러운가? 예를 들면 도서영역이나 드라마 놀이영역의 바닥이 부드러운가?
     예 ( ) 아니오 ( )
   - 모든 활동영역이 깨끗하게 정돈되어 유아들이 하고 싶어하는 활동들을 선택하여 할 수 있는가?
     예 ( ) 아니오 ( )

2. 벽면에는 무엇을 걸어 놓았는가?
   - 아이들의 작품이 걸려 있다면 잘 어울리는가? 걸려 있는 작품들이 아동들에 의하여 예술적으로 진솔하게 오려지고 색깔이 칠해져 있는가?
     예 ( ) 아니오 ( )
   - 만일 그렇지 못하다면 유아들의 보다 창의적인 예술활동을 위하여 어떻게 변화를 주겠는가?

- 벽에 걸린 유아들의 그림이 다문화 사회의 상징과 의미를 지니고 있는가?

  예 ( ) 아니오 ( )
- 만일 그렇지 못하다면 어떤 그림을 더 걸 수 있는가?
- 비록 그림이 다양한 인종을 대표하고 있더라도 그것이 다양한가? 혹시 일률적인가?

  예 ( ) 아니오 ( )

3. 걸려 있는 그림들이 아이들의 눈높이에 맞추어 걸려 있는가?

   예 ( ) 아니오 ( )

4. 부드럽고 정다운 교실환경을 만들기 위하여 부모나 가족 구성원이 참여하였는가?

   예 ( ) 아니오 ( )

2 언어영역

1. 교실에는 연령대에 맞고 문화적으로 다양한 책과 언어 학습 자료들이 다양하게 구비되어 있는가?

   예 ( ) 아니오 ( )
   - 책 선정 배치의 강점은 무엇인가?
2. 도서 코너의 책에 다음과 같은 집단의 다양한 인종에 관한 이야기가 있는가?
   - 네이티브 아메리칸의 문화

     예 ( ) 아니오 ( )
   - 아시아 아메리칸의 문화

     예 ( ) 아니오 ( )
   - 흑인 문화

     예 ( ) 아니오 ( )
   - 백인종 문화

     예 ( ) 아니오 ( )
   - 스페인 언어 문화

     예 ( ) 아니오 ( )
   - 다인종 이야기

     예 ( ) 아니오 ( )
   - 다인종, 게이, 레즈비언 등 다양한 가정 이야기

     예 ( ) 아니오 ( )

3. 언어영역에 다양한 문화권 사람들의 언어로 쓰여진 책이 있는가?

   예 ( ) 아니오 ( )

- 만일 있다면 어떤 책이며, 이를 대신할 새로운 책으로 그 제목을 제시하시오.

③ 사회과 영역

1. 익숙하지 않은 문화에 대한 아이들의 이해, 태도, 가치, 생활양식의 수용을 증진시킬 수 있도록 도와 주는 교육과정인가?

예 (　　)　　　　아니오 (　　)

- 그렇다면, 어떻게 도와 주는가?
- 그렇지 않다면 지금의 교육과정에서 다양한 가치를 반영할 수 있도록 무엇을 바꾸겠는가?

2. 학습자료나 게임은 인종적으로 성별로 볼 때 다양한가?

예 (　　)　　　　아니오 (　　)

- 다양하다면 그것을 통하여 무엇을 길러줄 것인가?
- 다양하지 않다면 다양성을 증진시키기 위하여 어떤 학습 자료나 게임을 보완할 것인가?

④ 블록영역

1. 블록의 꾸밈이 다양한 문화와 가정 집단을 반영하고 있는가?

예 (　　)　　　　아니오 (　　)

- 다양한 문화와 가정 집단을 반영하는데 부족한 것이 있다면 적어 보세요.

2. 블록의 꾸밈이 성별로 차이가 없이 다양한가?

예 (　　)　　　　아니오 (　　)

- 차이가 있다면 어떻게 변화를 시켜줄 것인가?

⑤ 드라마와 연극영역

1. 다양한 문화집단의 다양한 옷이 구비되어 있는가?

예 (　　)　　　　아니오 (　　)

- 있다면 어떤 것이 있는가?
- 없다면 어떤 것들을 보충할 것인가?

2. 벽이나 배경 그림이 다양한 문화를 담고 있는가?

예 (　　)　　　　아니오 (　　)

- 있다면 어떤 것이 있는가?
- 없다면 어떤 것들을 보충할 것인가?

3. 연극에서 쓰여질 인형은 다양한 인종집단을 포함하고 있는가?

예 (　) 　　　　아니오 (　)

• 없다면 어떤 것들을 보충할 것인가?

4. 백인 인형의 피부 색깔을 다른 색깔로 바꾼 경우가 있는가?

예 (　) 　　　　아니오 (　)

• 있다면, 어떤 색깔로 바꾸었는가?

⑥ 음악과 게임영역

1. 교육과정에서의 음악경험이 문화다양성에 대한 아동들의 생각을 강화시키고 있는가?

예 (　) 　　　　아니오 (　)

• 강화시키고 있다면 어떻게?

2. 교실에서 다양한 문화집단의 게임, 노래, 손가락 놀이를 하고 있는가?

예 (　) 　　　　아니오 (　)

• 하고 있다면 어떻게?

3. 학생들이 만든 악기를 포함해서 다양한 종류의 악기를 사용하는가?

예 (　) 　　　　아니오 (　)

⑦ 요리영역

1. 교실에서의 요리경험이 아이들에게 집에서 익숙한 음식 말고 다른 음식을 경험하게 하는가?

예 (　) 　　　　아니오 (　)

2. 유아들에게 계획된 요리경험이 문화유산과 음식재료를 준비하여 만들고 먹는 과정과 연결되어 있는가?

예 (　) 　　　　아니오 (　)

• 되어 있다면 어떻게?
• 되어 있지 않다면 연결시키기 위하여 무엇을 다양하게 할 수 있는가?

제 2 부

유아 다문화교육의 실제

교육 활동 구성

생활주제	활동명	활동유형
유치원과 친구	다양한 모습의 친구	조형
	넌 내 친구!	동화
	친구를 배려해요	역할
	어려운 친구를 도와요	전문가 초청
나와 가족	예슬이 엄마 이름은 구티엔	동화
	월남쌈 만들기	요리
	다른 나라 사람과도 가족이 될 수 있어요	이야기나누기
	소중한 몸	게임
우리 동네	북한에서 온 이웃이 있어요	이야기 나누기
	어떻게 도울 수 있을까요	전문가 초청
	찬다 삼촌	동화
	공익광고 만들기	조형
동식물과 자연	열대 과일 샐러드 만들기	요리
	사는 모습이 달라요	쌓기
	밥상을 차려요	조작
	우리나라를 구해 주세요	언어
교통기관	공항에 왔어요	견학
	다른 나라의 특별한 교통기관	이야기 나누기
	모터쇼	조형
	배려할 수 있어요	역할극
우리나라	의상패션쇼	역할
	다른 나라에서 온 음식	요리
	함께 연주하는 아리랑	음악 감상
	나는 자랑스러운 한국인	이야기 나누기

<table>
<tr><td rowspan="4">세계 여러 나라</td><td>거짓말 같은 이야기</td><td>동화</td></tr>
<tr><td>1000원의 힘</td><td>이야기 나누기</td></tr>
<tr><td>함께 즐기는 올림픽</td><td>게임</td></tr>
<tr><td>세계의 아침인사</td><td>새노래</td></tr>
<tr><td rowspan="4">지구와 환경</td><td>세계는 지금</td><td>언어</td></tr>
<tr><td>봉사단체를 찾아가요</td><td>견학</td></tr>
<tr><td>신나는 세계여행</td><td>역할</td></tr>
<tr><td>지구촌 한가족</td><td>조형</td></tr>
</table>

제7장

유치원과 친구

1. 주제선정 이유
2. 주제망
3. 활동전개

1. 주제선정 이유

유아는 탄생 이후 가정이라는 울타리 안에서 가족과 함께 생활하다가 유아교육기관에 입학하면서 생애 처음으로 가정을 떠나 가족이 아닌 다른 사람들과의 생활을 경험하게 된다. 교육기관에서의 생활을 통해 또래 친구, 교사, 다른 성인과의 교류를 통해 사회에 적응하고 사회적 관계를 형성할 수 있는 능력을 기르게 된다. 이 시기의 형성되는 타인과의 새로운 관계는 유아가 성인이 되어 사회에 적응하고 생활하는데 중요한 기초가 된다.

특히, 이 시기의 친구는 나와 다른 존재를 만날 수 있게 해 주는 경험의 존재로서 서로 다른 의식을 가진 존재와 공통의 경험을 함께 할 수 있는 최상의 사회적 존재이다. 친구는 교사와 함께 사회에서 가장 자주 접하는 존재로서 유아가 바람직한 사회적 관계를 맺고 사회적 규칙을 습득하며 사회적 존대와의 갈등을 해결하는 사회적 기술을 습득하는데 많은 영향을 미치게 된다. 따라서 친구를 주제로 한 다양한 활동의 경험은 유아가 사회적 관계 및 기술을 습득할 수 있어 매우 중요한 경험이 된다. 자신과 다른 친구의 모습을 인식하고 또래 친구들을 만나고 사귀는 긍정적인 사회적 관계 형성은 유아가 성장하여 성인이 되었을 때에도 새로운 환경에 대해 잘 적응할 수 있는 밑거름이 될 것이다.

제7장에서는 유아들이 새로운 환경에 대해 경험해 볼 수 있는 기회를 제공하고 자신과 다른 모습의 사람들이 있음을 인식할 수 있으며 이를 통해 또래와의 긍정적인 상호작용과 바람직한 사회관계 형성을 돕기 위해 '친구' 주제를 선정하였다. 이 장에서는 유아들이 개개인의 가치를 인식하고, 또래 집단 속에서 더불어 살아갈 수 있도록 이야기 나누기, 게임, 새노래 등 다양한 활동을 통해 경험할 수 있도록 하였다.

2. 주제망

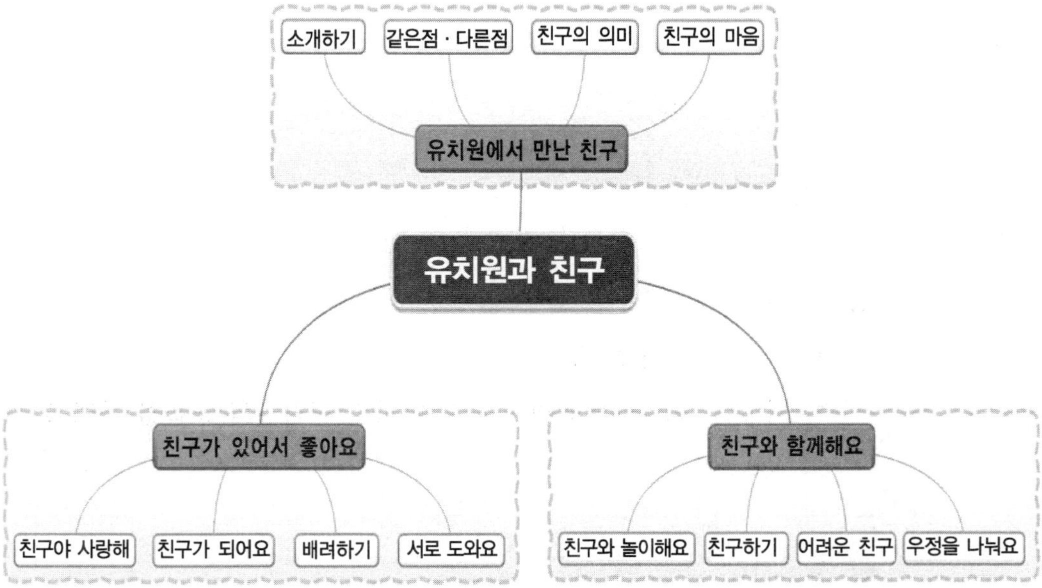
유치원과 친구
유치원에서 만난 친구
소개하기
같은점 · 다른점
친구의 의미
친구의 마음
친구가 있어서 좋아요
친구야 사랑해
친구가 되어요
배려하기
서로 도와요
친구와 함께해요
친구와 놀이해요
친구하기
어려운 친구
우정을 나눠요

3. 활동전개

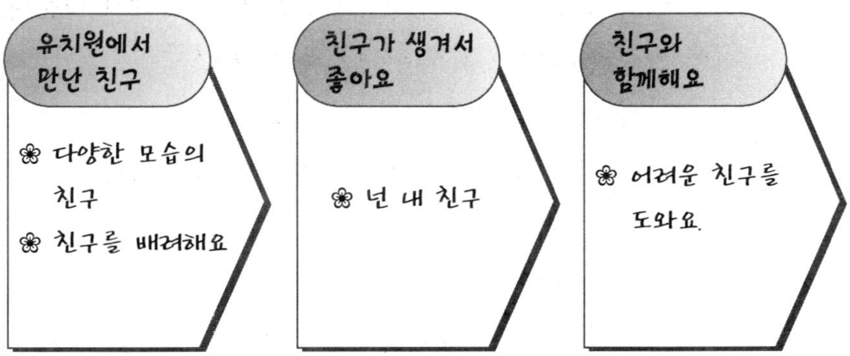
유치원에서 만난 친구
❀ 다양한 모습의 친구
❀ 친구를 배려해요
친구가 생겨서 좋아요
❀ 넌 내 친구
친구와 함께해요
❀ 어려운 친구를 도와요.

활동 1 다양한 모습의 친구

활동유형: 조형

활동목표

- 사람마다 서로 생김새가 다름을 안다.
- 다양한 재료를 이용하여 다른 인종의 사람들의 모습을 꾸며 볼 수 있다.

활동자료

다른 나라 사람들의 사진, 얼굴본, 다양한 꾸미기 재료들(꼬불이 모루, 눈알, 뿅뿅이, 빵끈, 털실, 마라카스 등)

활동방법

① 세계 여러 나라 사람들의 얼굴 사진을 보며 이야기 나눈다.
- 이 사진의 사람은 우리의 모습과 같나요?
- 어떤 점들이 다른가요?
- 피부는 어떤 색인가요? 머리는 어떤 색인가요? 눈은 어떤 색인가요?
- 코는 어떤 모양인가요?
- 머리카락은 우리와 어떻게 다른가요?
- 생김새가 서로 달라도 사람들은 다 소중하다는 것을 이야기한다.

② 얼굴 꾸미기 활동을 소개하고 다양한 재료를 탐색한다.

- (얼굴본을 보여주며) 여기에 어떤 것들을 꾸며 줘야 할까요?
- 이 재료는 어떤 모양인가요? 이것은 꼬불꼬불하다고 해서 꼬불이 모루라고 해요. 이것으로는 어떤 것을 꾸며 줄 수 있을까요?
- 눈은 어떻게 꾸며 줄 수 있을까요?

③ 얼굴본에 다양한 재료를 이용하여 얼굴을 꾸며 준다.

- 이 머리카락과 같은 색깔은 어떤 것이 있나요?
- 이것을 어떻게 붙여 주면 좋을까요?
- 무엇을 더 꾸며 주면 좋을까요?

④ 친구들이 만든 얼굴을 함께 감상한다.

- OO이는 어떤 얼굴을 만들었나요?
- 어떻게 꾸며 주었나요?
- 어떤 점이 잘 표현이 되었나요?

⑤ 유아들이 만든 얼굴을 교실에 전시하여 함께 감상할 수 있도록 한다.

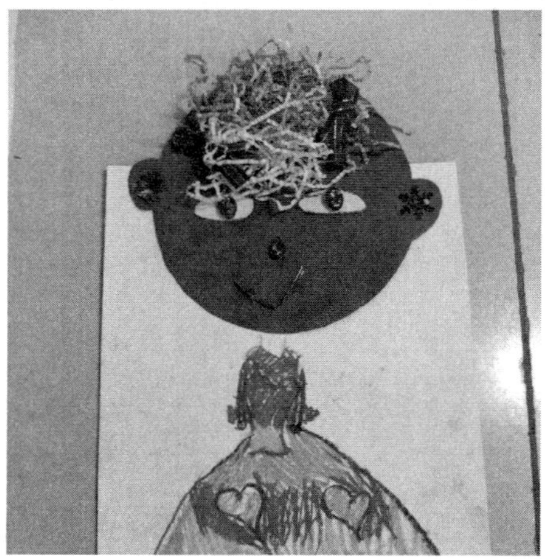

확장활동

〈얼굴 꾸미기 게임〉

얼굴 모양본에 다양한 얼굴 부분 조각 그림을 붙이는 조작놀이로도 활동할 수 있다.

〈관련동화〉

'살색은 다 달라요'(캐런 카츠 글 · 그림, 신형건 역, 보물창고, 2011년) 동화를 감상한다.

활동 2

넌 내 친구!

활동유형: 동화

활동목표

- 친구의 의미를 알고 친구와 서로 사랑하는 마음을 기른다.
- 서로 모습이 달라도 함께 친구가 될 수 있다는 것을 안다.

활동자료

동화책

활동방법

① 친구를 생각하면 떠오르는 느낌이나 단어를 이야기해 본다.
  - 친구를 생각하면 어떤 느낌이 드니?
  - 친구를 생각하면 무엇이 가장 먼저 생각나니?

② 동화 '우리는 친구'를 감상한 후 느낀 점에 대해 이야기한다.
  - 고릴라에게는 무엇이 필요했니?
  - 고릴라가 고양이를 만나서 어떻게 되었을까?
  - 고릴라는 고양이와 어떻게 지냈니?
  - 고릴라가 화가 나서 어떤 행동을 했니?
  - 동물원 사람들이 누구를 데리고 가려고 했지?

- 고양이가 고릴라를 어떻게 도와 주었을까?
- 동화를 보면서 어떤 장면이 기억에 남니?
- 고양이와 고릴라를 보면서 어떤 느낌이 들었니?

③ 친구는 나에게 어떤 의미인지 이야기해 본다.

- 고릴라에게 고양이는 어떤 친구일까?
- 고릴라가 자기와 다르게 생겼다고 고양이를 안 좋아했다면 어떻게 되었을까?
- 너희에게 친구는 어떤 존재일까?
- 친구에게 나는 어떤 친구가 되고 싶니?

확장활동

〈친구와 사이좋게 지내는 방법 - 언어〉

3~4명씩 그룹을 구성하여 친구와 사이좋게 지내는 방법을 조사하고 조별로 발표해 본다.

활동 3 친구를 배려해요

활동유형: 역할놀이(인형놀이)

활동목표

- 친구와 사이좋게 지내기 위해서는 서로의 노력과 배려가 필요함을 안다.
- 친구를 배려하며 놀이하는 태도를 가진다.

활동자료

역할놀이 교구(다인종 인형), 동화책, 상황 그림

활동방법

① 동화 〈배려가 뭐예요?〉를 들려주고 이야기 나눈다.

- 이 친구들이 서로에게 어떻게 해 주었니?
- 어떻게 하는 게 친구들을 배려해 주는 거였니?
- 그러면 우리는 친구들과 놀이할 때 어떻게 배려해 줄 수 있을까?

② 상황 그림(친구들이 얼굴 색깔이 다르다고 놀리는 그림 등)을 보여주며 이야기 나눈다.

- 지금 이 친구는 어떻게 하고 있니?
- 이 친구는 지금 기분이 어떨까?

- 이 친구를 배려해 주려면 어떻게 해 줘야 할까?

③ 역할놀이 활동을 소개하고 놀이 방법을 이야기한다.
- 어떤 교구들이 있니? 어떻게 놀이할 수 있을까?
- 그러면 어떤 역할들이 있어야 할까?
- 그 역할들은 어떤 말들을 할 수 있을까?

④ 놀이할 때 지켜야 할 약속에 대해 이야기한다.
- 우리가 어떤 약속들을 지켜야 서로 즐겁게 놀이할 수 있을까?
- 친구가 이렇게 말할 땐 우리가 어떻게 말해 주면 좋을까?
- 친구가 기다리고 있을 땐 어떻게 해 주면 좋을까?

활동 4 어려운 친구를 도와요

활동유형: 전문가 초빙

활동목표

- 나와 친구의 같은 점과 다른 점을 발견한다.
- 도움이 필요한 친구들에 대해 알아보고 도움 방법에 대해 모색해 본다.

활동자료

전문가 초빙(굿네이버스 전문가 초빙), 동영상 자료(유니세프 홈페이지)

활동방법

① 전문가 초빙을 하기 전에 사전 활동을 진행한다.

- (굿네이버스 홈페이지에 탑재된 동영상을 본다.)
- 선생님이 동영상 하나를 소개해 줄게요. 이 동영상에 나오는 어린이들이 어떻게 생활하는지 살펴보도록 해요.
- 동영상을 보았는데 어땠나요?
- 동영상을 볼 때 어떤 마음이었나요?
- 우리가 어려움에 처한 어린이들을 위해 무엇을 할 수 있을까요?

② 구호 단체에 대해 소개한다.

- 어려운 어린이들을 도와주는 사람들이 있어요. 어떤 곳이 있는지 함께 살펴볼까요? (유니세프 홈페이지- 자료 나눔터- 동영상)
- 이렇게 많은 곳에서 어려운 어린이들을 도와주고 있어요. 그러면 우리가 직접 도와줄 수 있는 방법은 무엇이 있을까?
- 우리가 도와줄 수 있는 방법을 어떻게 알 수 있을까?

③ 전문가를 초빙하고 소개한다.
- 우리가 어려운 어린이들을 도와주는 방법에 대해 설명해 주실 선생님을 소개할게요.
- 선생님은 굿네이버스에서 어린이들이게 도와주는 방법을 설명해 주시는 ○○○선생님이에요.

④ 굿네이버스 전문가의 강연을 듣는다.
- 어린이의 권리에 대해 설명한다.
- 권리를 누리지 못하는 어린이들을 어떻게 도울 수 있는지 방법을 이야기한다.
- 궁금한 점이 있으면 전문가에게 질문한다.

확장활동

〈연말 불우이웃 돕기 참여〉

굿네이버스나 월드비전은 연말 불우이웃 돕기의 일환으로 빵저금통을 무상으로 지원한다. 전문가 초빙 시 전문가에게 빵저금통을 신청하여 어린이들이 일상생활에서 꾸준히 돈을 모아 불우이웃 돕기에 참여할 수 있도록 한다.

〈관련 인터넷 사이트〉

굿네이버스: http://www.goodneighbors.kr
대표전화: 02-6717-4000

월드비전: www.worldvision.or.kr

유니세프: www.unicef.or.kr

세이브더칠드런: www.sc.or.kr

제8장

나와 가족

1. 주제선정 이유
2. 주제망
3. 활동전개

1. 주제선정 이유

유아들은 태어나는 순간부터 가족이라는 울타리 안에 한 구성원으로서 살아가게 된다. 가족은 유아가 처음으로 접하는 사회이다. 유아들이 가족 안에서 자신을 이해하고 가족 구성원 속에서 자신의 역할을 찾으며 가족 구성원을 사랑하는 마음을 갖도록 하는 것은 매우 중요하다. 유아들에게 접하는 첫 사회에서 구성원으로서의 역할을 수행하고 이를 경험하는 것은 중요한 일이다. 특히, 현대사회의 다양하고 복잡한 가족 구조에서 발생하는 사회 문제들을 해결하기 위해서는 유아들이 다양한 가족 구조와 다양한 문화에 대해 이해할 필요가 있다. 더불어 유아들은 가족에서 나아가 지역사회의 일원으로서 변화되어 가는 가족과 다양한 문화를 편견 없이 대하며 함께 돕고 살아가야 함을 경험하도록 해야 한다. 유아기의 이러한 경험을 통해서 유아들은 자신과 더불어 가족에 대한 이해와 가족 구성원으로서의 역할에 대해 알아보고 자기중심적 사고에서 벗어나 다른 사람을 배려하고 이해할 수 있는 능력을 기르는 기회가 될 수 있다.

제8장에서는 유아들이 다양한 가족의 구조와 가족 문화의 다양성에 대해 이해할 수 있는 기회를 제공하고 나를 알고 이를 기초로 가족 구성원에게 도움을 줄 수 있는 역할을 탐색하고 실천함으로써 다른 사람에게 도움을 주고 협력하며 함께 살아가는 방법에 대해 경험할 수 있도록 주제를 선정하였다. 따라서 유아들이 가기 자신을 탐색하고 자기중심성에서 벗어나며 가족의 다양성과 다양한 문화를 존중하는 태도를 지니며 다른 사람과 더불어 살아가는데 필요한 질서, 태도를 형성하며 요리, 게임, 조형 활동 등을 통해서 자연스럽게 경험해 볼 수 있도록 활동을 구성하였다.

2. 주제망

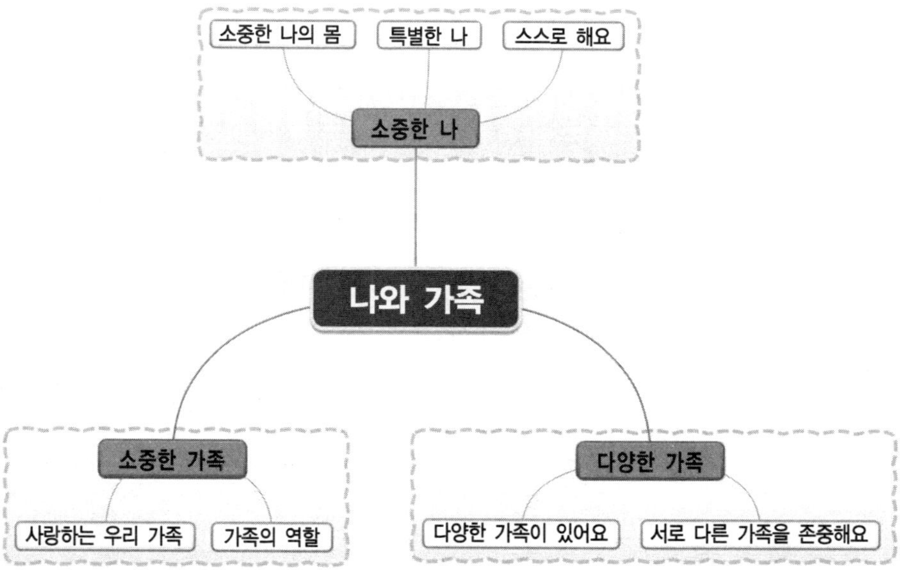

3. 활동전개

소중한 나

❀ 소중한 몸

소중한 가족

❀ 예슬이 엄마는 구티예

다양한 가족

❀ 다른 나라 사람과도 가족이 될 수 있어요

❀ 월남쌈 만들기

활동 1 다른 나라 사람과도 가족이 될 수 있어요

활동유형: 이야기나누기 / 전문가 초청

활동목표

- 서로 모습과 나라는 다르지만 서로 사랑하고 돕는 한가족이 될 수 있다는 것을 이해한다.
- 여러 나라 사람들은 서로 같은 생각과 느낌을 가지고 있다는 것을 이해한다.

활동자료

전문가 초빙(다문화 가족 학부모님), 지구본, 지도, 학부모님 나라 관련 자료

활동방법

① 전문가를 초빙하고 소개한다.

- 지구본과 지도를 보여주며 학부모님이 살았던 나라를 소개하고, 어떻게 오시게 되었는지, 그 나라는 어떤 나라인지 들어보도록 한다.

② 전문가의 이야기를 듣는다.

- 학부모님의 나라에 대해 소개하고, 한국에서 어떻게 지내는지 이야기 듣는다.

- 나라와 생김새는 다르지만 같은 생각과 느낌을 가지고 있다는 것을 이야기한다.
- 나라는 다르지만 서로 사랑하며 행복하게 지낸다는 것을 이야기한다.
- 이야기를 들은 후 궁금한 점을 전문가에게 질문한다.

확장활동

〈전문가의 전통음식 만들기〉

전문가가 소개한 나라에 대해 함께 알아보고 그 나라의 전통음식을 전문가의 소개로 함께 만들어 본다.

〈관련동화〉

'예슬이 엄마 이름은 쿠티엔'(임희옥 글, 김충식 그림, 아이코리아, 2008년) 동화를 감상한다.

활동 2 예슬이 엄마 이름은 구티엔

활동유형: 동화

활동목표

- 다문화 가족에 관심을 가진다.
- 다문화 가족의 다양성과 차이점에 대해 알고 존중한다.

활동자료

다양한 피부색을 가진 사람들의 생활모습 사진, 예슬이 엄마 이름은 구티엔 그림동화

활동방법

① 다양한 피부색을 가진 사람들의 생활모습 사진을 보여주며 이야기 나눈다.
- 이 사진에 있는 사람은 무엇을 하고 있니?
- 이 사진에 있는 사람은 지금 우리와 어떤 점이 같니?
- 다른 점은 무엇이니?
- 모습이 다른 사람들과 한가족이 될 수 있을까?

② 예슬이 엄마 이름은 구티엔 동화를 들려준다.
- 이 책에는 누가 나오니?

- 은지어린이집에 새로온 친구는 누구니?
- 예슬이 엄마는 어떤 나라 사람이었니?
- 예슬이 가족과 어떻게 지내게 되었니?

③ 동화를 듣고 이야기 나눈다.
- 예슬이 가족과 같은 가족을 본 적이 있니?
- 예슬이와 같이 만약 나의 가족이 다른 나라 사람이라면 어떤 점이 좋을까?
- 예슬이 가족과 같은 가족이 이웃에 산다면 우리는 어떻게 할 수 있을까?

확장활동

〈모습은 다르지만 같아요 - 수 · 조작〉

다양한 모습을 한 사람들이 그려진 주사위를 던져 나온 그림과 같은 그림을 찾아 게임판에 놓고 다 채워 보는 게임을 해 본다.

〈다양한 사람들 꾸미기 - 조형〉

신문이나 잡지에서 다양한 피부색을 가진 사람들의 모습을 오려서 꾸며 보는 활동을 해 본다.

활동 3 월남쌈 만들기

활동유형: 요리

활동목표

- 세계 여러 나라의 음식에 관심을 가지며, 여러 나라의 독특한 전통 음식을 소중히 여긴다.
- 음식 만들기를 통해 베트남의 문화를 경험한다.

활동자료

요리순서도, 요리 재료(라이스페이퍼, 당근, 오이, 양상추, 파인애플, 무순, 깻잎, 파프리카, 월남쌈소스), 요리도구(접시, 도마, 유아용 칼 등)

활동방법

① 다른 나라 음식에 대해 이야기 나눈다.
- 우리나라 음식이 아닌 다른 나라 음식을 먹어 본 경험이 있니?
- 어떤 음식을 먹어 보았니?
- 음식의 맛은 어땠니?
- 무엇으로 만들었니?

② 유아들에게 월날쌈을 소개한다.
- 이 음식을 먹어 본 적이 있니?
- 언제 먹어 보았니? 어떤 맛이 났니?

- 이 음식의 이름은 무엇일까? 어떤 나라의 음식일까?
- 우리가 먹는 상추쌈과 어떤 점이 다르고 어떤 점이 같은 것 같니?
- 우리나라와 베트남처럼 쌈을 싸서 먹는 다른 나라 음식이 또 있을까?

③ 요리순서도를 보며 만드는 과정을 알아본다.

요리 방법

1) 준비된 야채와 과일을 가늘고 길게 자른다.
2) 라이스페이퍼를 따뜻한 물에 적신다.
3) 라이스페이퍼 위에 야채와 과일을 얹는다.
4) 라이스페이퍼를 감싼다.
5) 소스를 찍어 맛있게 먹는다.

④ 유아들과 재료를 탐색한다.

- 라이스페이퍼를 만져 본 느낌이 어떠니? 딱딱한 라이스페이퍼를 가지고 어떻게 쌈을 쌀 수 있을까?
- 라이스페이퍼를 물에 넣으면 어떻게 될까?
- 라이스페이퍼는 무엇으로 만든 걸까?

⑤ 월남쌈 요리를 한다.

⑥ 음식을 먹어 본 후 요리 활동을 평가한다.

- 우리가 직접 베트남 음식인 월남쌈을 만들어 먹어 보니 느낌이 어땠니?
- 음식의 맛은 어땠니?

- 먹을 때 어떤 점이 좋았니?

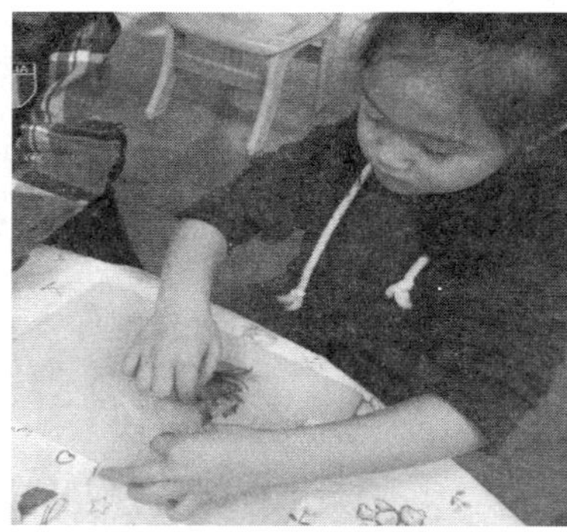

확장활동

〈베트남의 다른 문화 조사〉

베트남의 음식 외에 베트남 사람들의 다양한 문화를 알아본다.

활동 4 소중한 나의 몸

활동유형: 게임

활동목표

- 도움이 필요한 사람들에 대해 이해하고, 배려하는 마음을 가진다.
- 도움이 필요한 사람들을 서로 협력하여 도와줄 수 있다는 것을 안다.
- 나의 몸의 소중함에 대해 안다.
- 규칙을 지켜 게임할 수 있다.

활동자료

손수건, 긴 막대기

활동방법

① 우리 주변에 나와 다른 특별한 사람들을 보았던 경험에 대해 이야기 나눈다.

- 주변에 나와 다른 특별한 사람들을 보았니?
- 언제 보았니? 그 사람들을 보면서 어떤 생각을 했니?
- 그때 도움이 되어 주었던 경험이 있니?

② 앞이 보이지 않는 사람들의 불편한 점에 대해 이야기하며, 우리가 어떤 도움을 줄 수 있을지 이야기 나눈다.

- 앞이 보이지 않는 사람들은 어떤 점이 불편할까?
- 우리가 어떤 도움을 줄 수 있을까?

③ '소중한 나의 몸' 게임을 해 본다.
- 출발선에서 한 명은 눈을 가리고 막대기를 든다.
- 신호에 따라 출발한다.
- 나머지 한 명은 눈을 가린 친구 앞에서 손뼉을 치고 여러 가지 소리를 내어 길을 안내해 준다.
- 넘어지거나 부딪치지 않도록 반환점을 돌아 결승선까지 온다.

④ 활동 후 자신의 느낌을 이야기하고, 활동을 평가한다.
- 게임을 해 보니 어떤 느낌이 들었니?
- 눈을 가리고 가보니 어땠니?
- 친구의 길을 안내해 주며 앞이 안보이는 친구를 도와주니 어땠니?
- 앞에서 친구가 길을 안내해 주니 어땠니?
- 어떤 점이 불편하고 힘들었니?
- 어떤 점이 재미있었니?

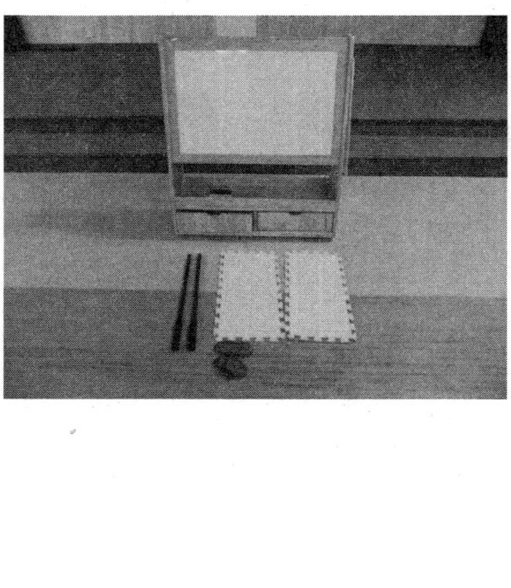

확장활동

〈눈이 되고 발이 되고 - 동화〉

'눈이 되고 발이 되고(박윤규 글 · 그림, 한솔수북)' 동화를 듣는다.

제9장

우리 동네

1. 주제선정 이유
2. 주제망
3. 활동전개

1. 주제선정 이유

유아는 자라면서 가장 작은 단위의 사회인 가정에서 벗어나 자신의 생활 범위를 넓혀 가게 된다. 자신이 살고 있는 동네를 접하게 되고 관심을 갖게 되면서 유아들은 사회 구성원으로서 살아갈 수 있는 기초적인 경험을 하게 된다. 이러한 경험을 통해 유아들은 사람들이 하는 역할이나 기관의 기능에 대해 알아가게 되며 사회 구성원으로서 지켜야 할 규칙과 수많은 약속을 알아가게 된다. 또한 구성원 간의 협력과 상호 의존적인 관계를 알고 서로를 존중하는 태도를 갖는 것은 매우 중요한 일이다.

사회를 구성하고 있는 구성원은 매우 다양하며 각기 다른 생각을 가진 사람들이다. 이에 여러 가지 의견 충돌과 갈등이 일어날 수 있다. 반면, 여러 명이 각기 다른 생각을 통해 창의적인 문제해결 방안이 제시되기도 한다. 그래서 구성원의 다양성에 대해 인식하고 이를 존중하는 태도를 갖는 것은 유아들이 앞으로의 사회를 살아가는데 중요한 능력이 될 것이다. 또한 과거와는 달리 세계화와 국제화로 인해 우리 동네에서도 다양한 인종의 사람과 다른 문화를 쉽게 접할 수 있게 되면서 새로운 가게와 기관, 공공기관의 역할과 기능이 점점 복잡해지고 세분화되었다. 이러한 사회 구성원의 다양성, 규칙과 약속, 다양한 문화와 사람들에 대해 경험해 보고 알아보는 것은 유아들이 사회 구성원을 이해하고 존중하는데 매우 중요한 기초 지식이 될 것이다.

제9장에서는 유아가 사회 구성원으로서 살아가는데 필요한 지식과 정보를 알고 더 나아가 문화가 다른 사람과 그들의 이웃과 함께 협력할 수 있는 태도를 기르고 더 나아가 이웃과 함께 살아가는데 필요한 예의와 존중, 태도를 가질 수 있도록 돕고자 한다.

2. 주제망

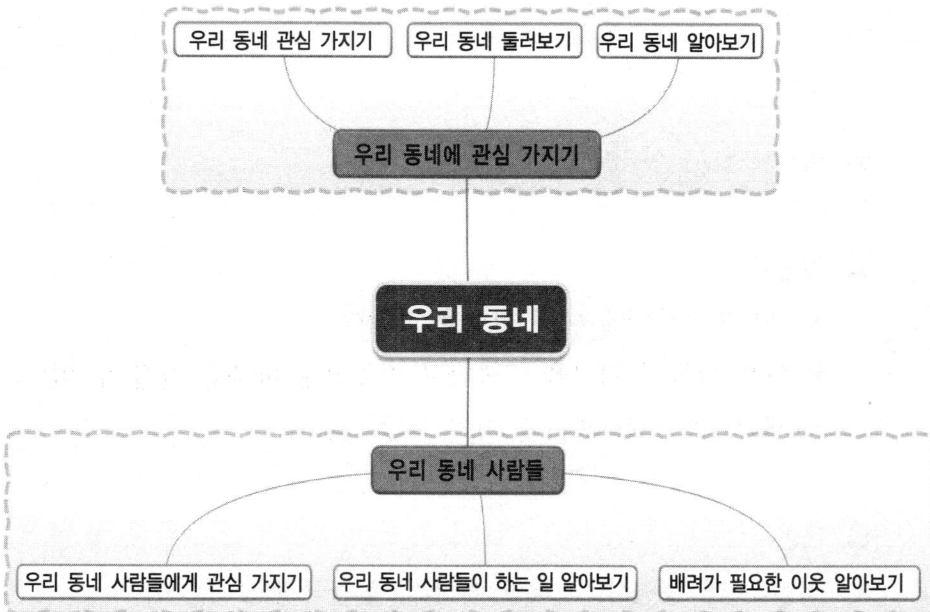

3. 활동전개

우리 동네에 관심 가지기

- ❀ 공익광고 만들기
- ❀ 어떻게 도울 수 있을까요?

우리 동네 사람들

- ❀ 찬다 삼촌
- ❀ 북한에서 온 이웃이 있어요

활동 1 북한에서 온 이웃이 있어요

활동유형: 이야기나누기

활동목표

- 새터민(탈북자)에 대해 관심을 갖는다.
- 다른 사람의 입장을 존중하고 이해하는 마음을 가질 수 있다.
- 새터민에 대한 편견을 가지지 않는다.

활동자료

북한 노래 동영상, 새터민 이야기, 인간극장 DVD

활동방법

① 북한 노래를 듣고 이야기를 나눈다.
- 이 노래를 들어 본 적이 있나요?
- 어떤 노래인 것 같나요?
- 이 노래를 들을 때 어떤 기분이 드나요?

② 인간극장 DVD를 시청하고 이야기한다.
- '새터민'이라는 말을 들어 본 적이 있나요?
- '새터민'은 누구를 말하는 걸까요?
- 새터민을 본 경험이 있나요?

③ 새터민 이야기를 듣고 새터민에 대한 이야기를 나눈다.
- 새터민 이야기를 들어 보니 어떤 생각이 드나요?
- 새터민과 우리와 같은 점과 다른 점이 있나요?
- 새터민의 어려운 점을 무엇이 있을까?
- 우리가 새터민을 도울 수 있는 방법은 무엇이 있을까?
- 앞으로 새터민을 만난다면 어떻게 대해야 할까요?

④ 새터민을 위해 우리가 할 수 있는 일에 대해 이야기 나누고 활동을 평가한다.

확장활동

〈새터민 친구에게 편지 쓰기〉

새터민 친구에게 다함께 편지를 써 본다.

활동 2 어떻게 도울 수 있을까요?

활동유형: 전문가 초청

활동목표

- 도움이 필요한 사람들에 대해 생각하며 우리가 협력하여 도와줄 수 있다는 것을 안다.

활동자료

전문가 초빙(새터민지원센터), 동영상 자료

활동방법

① 전문가 초빙을 하기 전에 사전 활동을 한다.
- 새터민에 관련된 동영상을 본다.
- 동영상을 보았는데 어땠나요?
- 새터민이라는 말을 들어 본 적이 있나요?
- 동영상을 보니 어떤 마음이 들었나요?
- 어려움에 처한 새터민 어린이들을 위해 우리가 할 수 있는 일이 있을까요?

② 새터민지원센터에 대해 소개한다.
- 어려운 새터민 어린이들을 도와주는 사람들이 있데요. 어떤 곳

인지 함께 살펴보도록 해요.

- 우리가 직접 도와줄 수 있는 방법은 무엇이 있을까?
- 우리가 도와줄 수 있는 방법을 어떻게 알 수 있을까?

③ 전문가를 초빙하고 소개한다.

- 우리가 새터민 어린이들을 도와주는 방법에 대해 설명해 주실 선생님께서 오셨어요.
- 선생님은 새터민지원센터에서 새터민을 도와주는 방법에 대해서 설명을 해 주실거에요. OOO선생님이에요.

④ 새터민지원센터 전문가의 강연을 듣는다.

- 새터민에 대해 설명한다.
- 새터민 어린이들이 겪고 있는 어려움에 대해서 설명한다.
- 어떤 도움을 줄 수 있는지 알아본다.
- 궁금한 점에 대해 질문한다.

⑤ 활동 후 자신의 느낌을 이야기하고, 활동을 평가한다.

확장활동

〈새터민 어린이 돕기 참여〉

새터민 어린이들을 도울 수 있는 방법을 생각하고 전문가 초빙시 전문가와 상의하여 새터민 돕기에 참여한다.

활동 3 찬다 삼촌

활동유형: 언어

활동목표

- 우리나라에서 일을 하기 위해 다른 나라에서 온 외국인 노동자들에 관심을 갖는다.
- 서로 도우며 살아가는 태도를 갖는다.

활동자료

찬다 삼촌 동화책, 외국인 노동자들을 돕는 사진

활동방법

① '찬다 삼촌' 동화를 들려주며 이야기 나눈다.
- 찬다 삼촌은 어디에서 왔나요?
- 우리나라에서 어떤 일을 하고 있나요?
- 왜 우리나라에 왔을까요?
- 이 분들이 없으면 어떻게 될까요?

② 우리나라에서 일을 하기 위해 다른 나라에서 온 외국인 노동자들에 대해 이야기 나눈다.
- 찬다 삼촌과 같이 우리나라에 와서 일을 하면서 돈을 버는 분들

이 많이 있어요.

- 가족과 떨어져서 낯선 나라에서 지내면 어떤 기분일까요?

③ 외국인 노동자들을 돕는 사진들을 보며 이야기 나눈다.

- 이 사진은 무엇을 하고 있는 사진인가요?
- 우리는 이 분들을 위해 무엇을 할 수 있을까요?
- 어떤 것들을 도와드릴 수 있을까요?

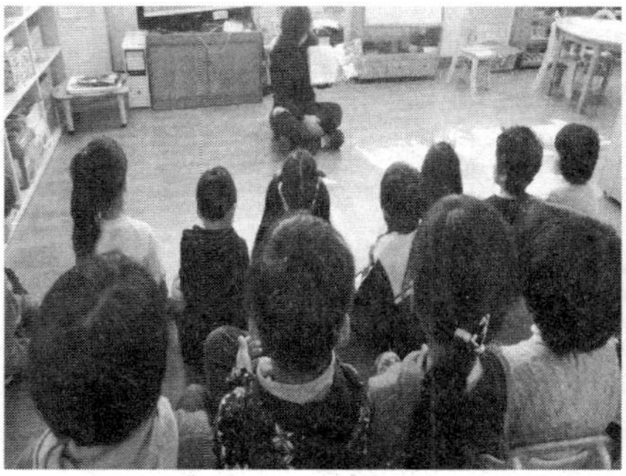

확장활동

〈찬다 삼촌에게 편지 쓰기〉

찬다 삼촌과 같은 외국인 노동자에게 편지를 써 본다.

〈외국인 노동자센터 견학〉

외국인 노동자들을 돕고 있는 센터를 방문한다.

활동 4 공익광고 만들기

활동유형: 조형

활동목표

- 우리가 살고 있는 지역에 다양한 사람들에 대해 관심을 가진다.
- 우리 지역에도 여러 나라의 사람들이 모여서 살고 있음을 알고 다양성을 인식한다.

활동자료

공익광고 포스터, 종이, 색연필, 사인펜, 크레파스

활동방법

① 공익광고에 대한 경험 이야기를 나눈다.

- (공익광고 포스터를 보며)이것이 무엇일까?
- 공익광고 포스터를 본 적이 있니?
- 언제 보았니? 포스터를 보고 어떤 생각을 했니?
- 포스터 속에는 무엇무엇이 있니?

② 포스터에 담긴 의미에 대해 생각해 본다.

- 포스터를 통해 무엇을 우리에게 알리고 싶었을까?
- 혹시 너희도 포스터를 만들어서 알리고 싶은 것이 있니?

- 무엇을 포스터를 통해 알리고 싶니?
- 우리 지역에 살고 있는 사람들에 대한 포스터를 만들어 보면 어떨까?
- 여러 사람이 살고 있는 우리 지역 사람들에게 어떤 점을 알리면 좋을까?
- 동생이나 친구들에게 우리 지역에 살고 있는 다른 나라 사람들과 사이좋게 지내는 방법에 대해 알려주면 어떨까?

③ 포스터를 만드는 방법에 대해 알아본다.
- 공익광고 포스터는 어떻게 만들면 좋을까?
- 우리 지역에 있는 사람들과 사이좋게 지내기 위한 포스터에는 어떤 글을 쓰면 좋을까?
- 어떤 그림이 들어가면 좋을까?
- 포스터 안에 이렇게 글이 들어가는 것을 표어라고 하는데 우리가 하고 싶은 이야기를 짧은 글로 만들어 표현한 것을 표어라고 해요.
- 여러분이 생각하는 표어에는 어떤 그림이 어울릴까?

④ 각자 팀을 나누어 팀 안에서 포스터를 만들어 본다.

⑤ 포스터를 만들며 느꼈던 점을 이야기하고 활동을 평가한다.
- 직접 포스터를 만들어 보니 기분이 어떠니?
- 어려운 점이 있었니?

확장활동

〈이웃과 사이좋게 지내요 캠페인〉

유아들과 함께 만든 포스터를 이용해 캠페인을 한다.

제10장

동식물과 자연

1. 주제선정 이유
2. 주제망
3. 활동전개

1. 주제선정 이유

동식물과 자연은 인간이 살아감에 있어 반드시 더불어 살아가야 하는 존재이며 유아가 부모나 또래 관계에서 맺는 사회적 관계와 함께 인식하고 적절한 관계를 맺을 수 있어야 하는 대상이다. 유아는 동식물과 자연이 함께 공존하는 관계임을 알고 그 안에서 인간이 함께 서로 존중하며 자연 속에서 더불어 살아가야 함을 인식해야 한다.

모든 인간은 자연과 더불어 살아가며 동식물을 먹고 살아가는 것이 당연한 이치이며 각 나라마다 기후에 따라 접하는 동식물과 자연이 다른 모습을 보인다. 유아들은 다른 곳에서 살고 있는 다양한 인종과 국가가 존재하는 것과 마찬가지로 우리나라에서 볼 수 있는 동식물이나 자연의 모습이 다를 수 있음을 알고 동식물과 자연을 보호하고 더불어 살아가는 대상으로 배려할 수 있어야 한다. 누리과정에서도 동식물과 자연 속에서 더불어 살아가는 관계를 알아가고 이를 실천해 가는 삶의 태도를 기르는데 중점을 두고 있으며 유아는 동물과 식물이 서로 어떤 관계를 맺고 살아가는지, 그리고 인간은 이들과 지구상에서 어떻게 살아가는지와 같은 전체적이고 통합적인 눈을 통해, 동식물과 인간이 자연 속에서 더불어 살아가는 공생관계에 있음을 터득해 갈 수 있다고 하였다.

세계적으로 자연과 더불어 살아가는 방법과 인식을 가지지 못해 지구 온난화로 인한 생태계 파괴를 경험하고 있다. 앞으로 미래를 책임지게 될 유아들에게 자연의 문제와 앞으로 어떻게 살아가야 하는지에 대해서 생각해 볼 수 있는 경험을 제공해야 한다.

제13장에서는 유아가 동식물과 자연이 더불어 살아가야 할 존재임을 알고 동식물과 자연에 대한 올바른 인식을 가지고 동식물과 자연과 교감하며 적절한 관계를 맺고 조화로운 삶을 살아갈 수 있도록 도움을 주고자 한다.

2. 주제망

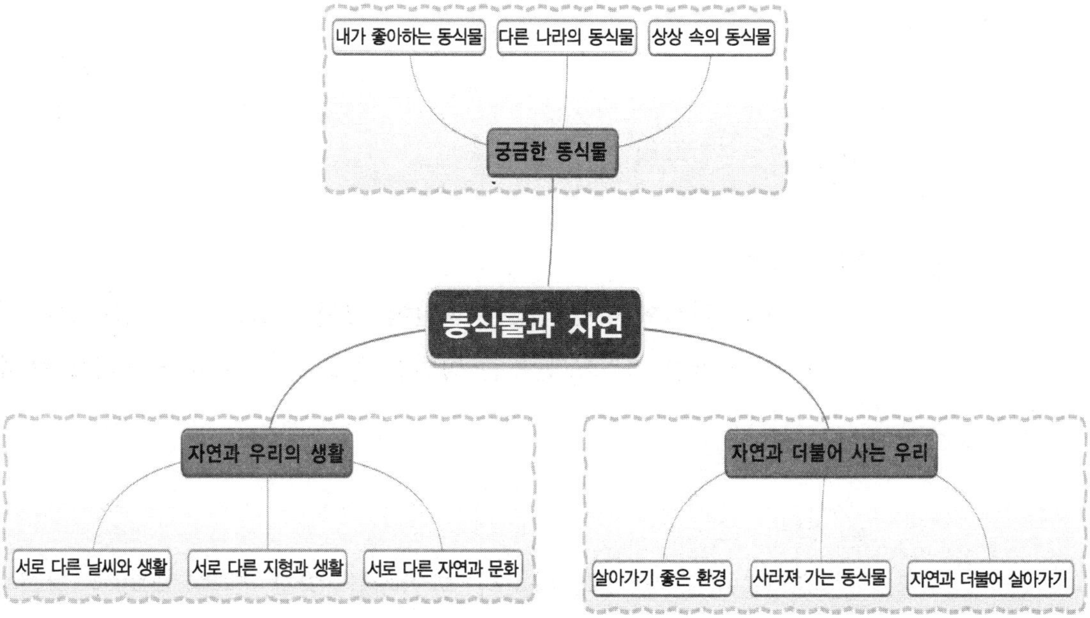
동식물과 자연
궁금한 동식물
내가 좋아하는 동식물
다른 나라의 동식물
상상 속의 동식물
자연과 우리의 생활
서로 다른 날씨와 생활
서로 다른 지형과 생활
서로 다른 자연과 문화
자연과 더불어 사는 우리
살아가기 좋은 환경
사라져 가는 동식물
자연과 더불어 살아가기

3. 활동전개

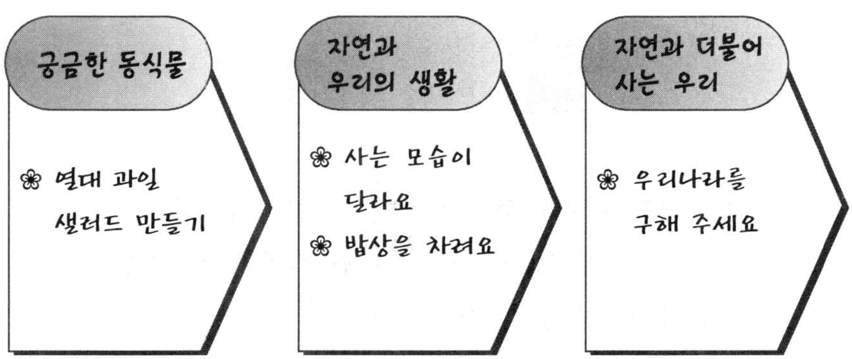
궁금한 동식물
❀ 열대 과일 샐러드 만들기
자연과 우리의 생활
❀ 사는 모습이 달라요
❀ 밥상을 차려요
자연과 더불어 사는 우리
❀ 우리나라를 구해 주세요

활동 1 열대 과일 샐러드 만들기

활동유형: 요리

활동목표

- 여러 나라에서 생산되는 과일에 대해 관심을 갖고 탐색한다.
- 열대 과일 샐러드 만드는 방법을 알고 순서에 따라 요리를 할 수 있다.

활동자료

요리순서도, 앞치마, 바나나, 파인애플, 망고, 멜론, 파파야, 샐러드 소스, 투명 볼, 숟가락, 유아용 빵칼, 유아용 도마

활동방법

① 더운 나라에 대해 이야기 나눈다.
- 여기는 어디인 것 같니?
- 여기 날씨는 어떤 것 같니?
- 이 나라 사람들은 무엇을 먹을까?

② 여러 종류의 열대 과일에 대해 이야기 나눈다.
- 더운 나라에서 온 과일은 어떤 것들이 있을까?
- 먹어 본 적 있니? 어떤 맛이었니?

③ 열대 과일을 하나씩 살펴보며 탐색한다.

- 어떤 재료가 필요할까?
- 어떤 색이니?
- 어떤 냄새가 나니?
- 어떤 모양이니?
- 잘라 보자. 안에는 어떻게 생겼니?
- 만져 보자 어떤 느낌이니?
- 이 과일들로 어떤 요리를 만들 수 있을까?

④ 요리순서도를 보며 만드는 과정을 알아본다.

요리 방법

1) 준비된 과일을 칼을 사용하여 자른다.
2) 자른 과일들을 큰 볼에 담는다.
3) 볼에 샐러드 소스를 넣는다.
4) 숟가락으로 버무린다.
5) 그릇에 담아 맛있게 먹는다.

⑤ 요리를 한다.

⑥ 음식을 먹어 본 후 요리 활동을 평가한다.

- 더운 나라에서 온 과일로 샐러드를 만들어 먹어 보니 느낌이 어땠니?
- 음식의 맛은 어땠니?
- 먹을 때 어떤 점이 좋았니?

확장활동

〈과일 따오기 게임 - 조작〉

세계 지도에 그 나라에서 나오는 과일을 붙여 놓고 주사위를 던져 과일을 따오는 게임을 한다.

〈과일 가게 - 역할〉

역할 영역에 과일 가게를 구성하여 과일을 사고파는 놀이를 한다.

활동 2 사는 모습이 달라요

활동유형: 쌓기

활동목표

- 기후와 문화에 따라 다양한 집 모양에 관심을 갖고 알아본다.
- 친구들과 함께 여러 가지 블록을 이용하여 여러 나라의 집을 만들어 본다.
- 세계 여러 나라의 생활 모습에 대해 존중하는 마음을 가진다.

활동자료

세계 여러 나라의 집 그림 자료, 여러 가지 다양한 블록, 국기 그림

활동방법

① 세계 여러 나라의 집의 그림 자료를 보며 이야기 나눈다.

- 이런 집을 본 적 있니?
- 이 집의 모양은 어떠니?
- 이 집은 무엇으로 만든 것 같니?
- 어떻게 만들었을까?
- 왜 이렇게 만들었을까?
- 지금 우리가 살고 있는 집과는 어떤 점들이 다르니?

- 자연 환경과 날씨에 따라 해당 지역에서 구하기 쉬운 재료, 생활에 관한 사람들의 지혜가 그 나라의 집 속에 담겨 있음을 이야기한다.

② 쌓기 활동을 소개하고 자유선택활동 시간에 원하는 유아들은 친구들과 함께 블록으로 집을 만든다.
- 어떤 집을 만들어 보고 싶으니?
- 어떤 블록으로 만들면 좋을까?
- 이런 모양으로 만들려면 어떻게 하는 게 좋을까?

③ 여러 나라의 집을 구성한 후 놀이한다.
- 어떤 나라의 집을 만들었니?
- 그 나라의 국기와 이름을 붙여 보자.

④ 활동을 평가한다.
- 다른 나라의 집을 만들어 보니 어땠니?
- 어떤 것이 더 있으면 좋겠니?

확장활동

〈세계 여행하기 - 역할〉

유아들이 만들어 놓은 세계 여러 나라의 다양한 집을 배경으로 세계 여행놀이를 한다.

〈세계의 여러 가지 집 - 동요〉

세계의 여러 가지 집 동요를 배워 함께 불러 본다.

활동 3 밥상을 차려요

활동유형: 조작

활동목표

- 기후와 문화에 따라 다양한 식생활에 관심을 갖고 알아본다.
- 여러 나라의 독특한 전통음식과 문화를 존중하며 소중히 여긴다.

활동자료

세계 여러 나라의 음식 그림카드, 세계 여러 나라 음식 메뉴판, 식탁 그림판, 색주사위

활동방법

① 세계 여러 나라의 음식 그림 자료를 보며 이야기 나눈다.
- 이런 음식을 본 적 있니?
- 먹어 본 적 있니?
- 맛이 어땠니?
- 이 음식은 무엇으로 만든 것 같니?
- 어떻게 만들었을까?
- 음식에는 날씨와 토양, 자연 환경에 따라 해당 지역에서 구하기 쉬운 재료와 방법으로 그 나라 사람들의 지혜가 담겨 있음을 이야기한다.

② '밥상을 차려요' 게임을 소개하고 활동 방법을 이야기한다.

활동 방법

1) 혼자 혹은 2-4명이 함께 놀이할 수 있다.
2) 자기가 차리고 싶은 메뉴판을 하나씩 고른다.
3) 식탁 그림판을 한 개씩 나누어 갖는다.
4) 음식 그림카드를 펼쳐 놓는다.
5) 색주사위를 던져 나오는 색깔의 음식카드를 가지고 와 식탁 그림판에 붙인다.
6) 메뉴판의 음식을 다 모아 붙이면 게임이 끝난다.

③ 자유선택 동 시간에 원하는 유아들이 수 · 조작놀이 영역에 모여 놀이를 한다.

확장활동

〈세계 여러 나라 음식 만들기 - 조형〉

세계 여러 나라의 다양한 음식을 점토를 이용하여 만들어 본다.

〈세계 여러 나라 음식점 - 조형〉

유아들이 만든 다양한 음식을 이용하여 세계 여러 나라의 음식을 만들어 파는 음식점 놀이를 한다.

활동 4

우리나라를 구해 주세요.

활동유형: 언어

활동목표

- 지구 온난화로 자연환경이 파괴되어 가고 있는 나라가 있음을 안다.
- 아름다운 자연과 더불어 살아가기 위해 우리가 해야 할 일을 알아본다.

활동자료

손인형, 지구 온난화로 파괴된 자연환경 그림 자료, 편지지, 연필, 사인펜

활동방법

① 손인형이 몰디브에서 온 친구라고 소개하며 이 친구가 보낸 편지를 들려준다.

- 몰디브라는 섬나라가 지구 온난화로 인해 해수면이 점차 높아져 바닷물에 잠기고 있음을 이야기한다.
- 편지의 내용을 듣고 나니 어떤 생각이 나니?
- 이 친구는 어떻게 될까?

② 지구 온난화에 대해 이야기 나눈다.

- 몰디브가 왜 점점 사라지고 있을까?
- 북극의 얼음은 왜 녹아 내릴까?
- 지구는 왜 더워졌을까?
- 지구를 덥게 만드는 공기는 어디에서 나오고 있을까?

③ 우리가 할 수 있는 일에 대해 이야기 나눈다.

- 친구를 도와주기 위해 우리가 어떤 일들을 할 수 있을까?
- 유치원에서는 어떤 일들을 하면 좋을까?
- 집에서는 어떻게 하면 좋을까?
- 지구를 지키기 위해 모든 사람들이 함께 할 수 있는 일은 무엇이 있을까?

④ 편지 쓰기 활동을 소개한다.

- 우리가 지키기로 한 약속들을 적어서 편지로 보내 주면 어떨까?
- 어떤 말들을 쓰면 좋을까?

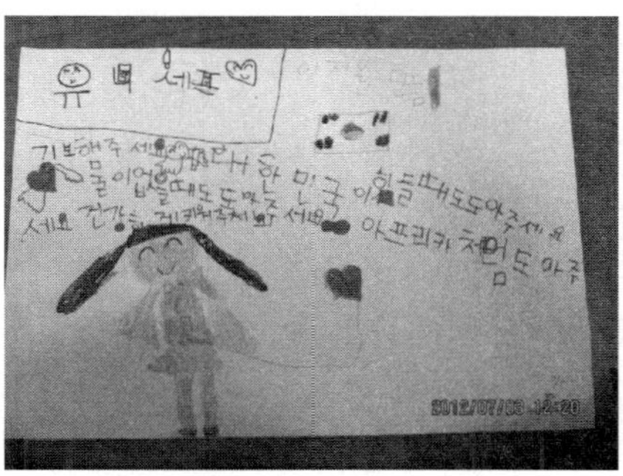

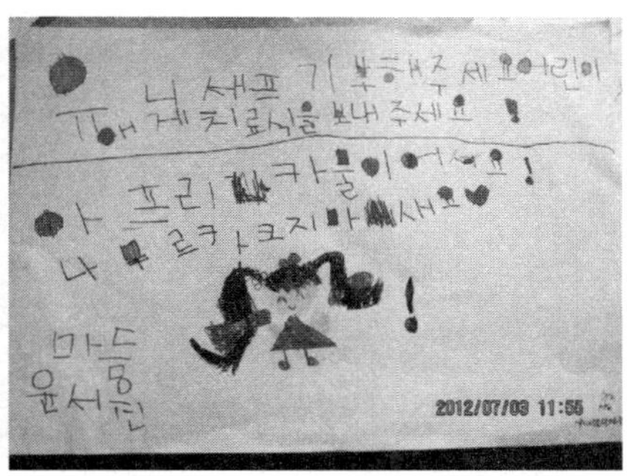

확장활동

〈북극곰 동영상 시청〉

지구 온난화로 인해 북극에서 어려움을 겪고 있는 북극곰에 관한 동영상을 시청한다.

〈관련동화〉

'지구는 내가 지킬 거야!'(존 버닝햄 글 · 그림, 비룡소, 2013년) 동화를 감상한다.

제11장

교통기관

1. 주제선정 이유
2. 주제망
3. 활동전개

1. 주제선정 이유

교통기관은 현대사회의 발전과 더불어 눈부신 발전을 거듭하여 오늘날 우리의 생활에 많은 변화를 가져다 주었다. 교통기관의 발달로 우리나라는 전국이 일일생활권 안에 들어오게 되었으며 세계 어느 곳이든 편리하게 여행할 수 있으며, 멀리 떨어져 있는 사람에게 물건이나 소식을 전하는 것도 빠르게 전달할 수 있게 되었다. 또한, 세계에 각 나라들 간의 활발한 교류가 이루어지는 것에도 교통기관은 중요한 역할을 담당한다.

누리과정에서는 교통기관이라는 생활주제를 통해 유아들이 우리생활에 꼭 필요하고, 편리한 교통기관의 긍정적인 측면을 이해하고 교통기관을 올바르고 안전하게 이용할 수 있는 지식과 태도를 형성할 수 있어야 하며 이를 위해 교통안전과 관련한 기본적인 지식과 여러 가지 유형의 위험을 알아보고 교통기관을 대하는데 필요한 안전한 행동을 습관화해서 다양한 교통상황에서 안전한 행동을 기본적으로 수행할 수 있어야 한다고 하였다. 궁극적으로 유아들이 교통생활과 관련된 기본 지식을 습득하고 안전한 생활의 필요성과 실천 방법을 다양한 활동을 통해 생활화하여 교통안전 의식에 대한 태도를 형성하도록 도와줌으로써, 바람직한 교통문화의 정착에 도움이 되도록 하는 것을 목적으로 하고 있다.

이 장에서는 주변에서 흔히 볼 수 있는 교통기관 외에 기후나 다른 나라의 특성에 따라 발달한 교통기관에 대해서 알아보고 타인과 더불어 대중교통 수단을 올바르게 이용하는 방법에 대해 알아보는데 중점을 두었다.

제14장에서는 유아가 교통기관이 우리 생활에 필요한 것임을 인식하고 교통기관을 올바르게 이해하고 안전하게 이용할 수 있는 올바른 태도를 기르고 형성할 수 있도록 하는데 그 목적이 있다.

2. 주제망

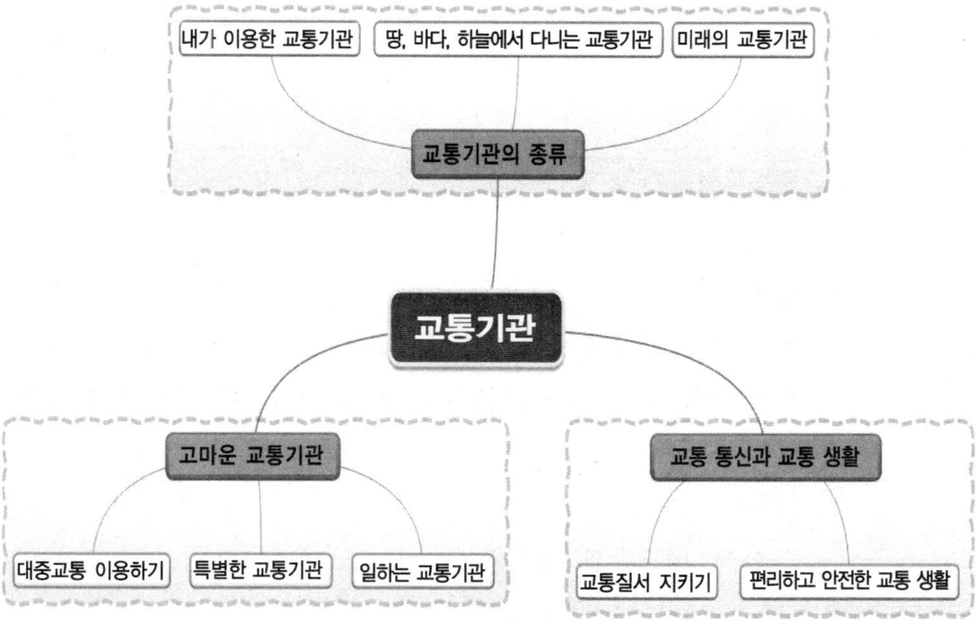

3. 활동전개

교통기관의 종류

- ❀ 공항에 왔어요
- ❀ 다른 나라의 특별한 교통기관

고마운 교통기관

- ❀ 모터쇼

교통 통신과 교통 생활

- ❀ 배려할 수 있어요

활동 1 공항에 왔어요

활동유형: 견학

활동목표

- 공항과 공항을 이용하는 방법을 안다.
- 공항을 오고 가는 많은 다른 나라 사람들에 관심을 갖는다.

활동자료

동화책, 메모수첩, 필기구

활동방법

① 동화 '공항'(안드레아 에르네 글, 볼프강 메츠거 그림, 크레용하우스, 2012년)을 듣는다.

- 공항에 가 본 적 있니?
- 공항은 어떤 곳이니?
- 공항에서 무엇을 했었니?

② 공항 견학에 대해 이야기 나눈다.

- 공항에 가서 무엇을 보고 오면 좋을까?
- 공항에 계신 분들께 어떤 것들을 물어 보고 알아오면 좋을까?
- 공항을 견학할 때 어떤 점을 조심해야 할까?

③ 공항을 견학한다.

- 여기는 어떤 곳이니?
- 어떤 일을 하는 곳이니?
- 누가 무슨 일을 하고 계시니?
- 무엇이 있니?

④ 공항에 다녀온 후 활동을 평가한다.

- 공항에 다녀오니까 어땠니?
- 공항에서 무엇을 보았니?
- 공항에서 어떤 분들을 보았니?
- 공항에 다녀와서 어떤 점들을 알게 되었니?

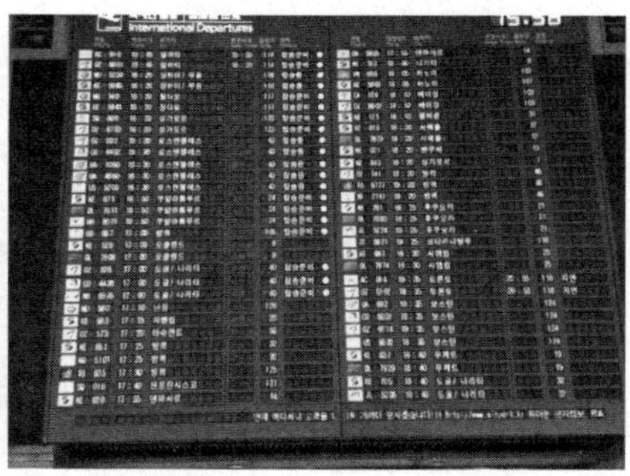

확장활동

〈공항놀이 - 역할〉

공항에 견학 다녀온 경험을 살려 공항놀이를 한다. 또한 공항놀이와 함께 세계 여행놀이로 확장한다.

활동 2 다른 나라의 특별한 교통기관

활동유형: 이야기 나누기

활동목표

- 다른 나라의 특별한 교통기관에 관심을 갖는다.
- 나라마다 특별한 환경과 문화에 따라 특별한 교통수단이 생겼다는 것을 안다.

활동자료

다른 나라의 특별한 교통기관 그림 자료(툭툭, 수상택시, 케이블카, 전차, 산악열차 등)

활동방법

① 세계 여러 나라의 교통기관 그림 자료를 보며 이야기 나눈다.
- 이런 교통기관 본 적 있니?
- 어디에서 보았니?
- 이것은 어디를 다닐 때 타고 다닐 것 같니?
- 왜 이것을 타고 다닐까?
- 여기는 주변에 무엇이 있니?
- 여기는 어느 나라일까?
- 이것을 타고 다니면 어떤 점이 좋을까?
- 이것을 타면 어떤 느낌이 들까?

- 나라마다 특별한 환경과 문화에 따라 특별한 교통수단이 생겼다는 것을 이야기한다.

① 자유선택활동 시간에 다른 나라의 특별한 교통기관을 더 찾아보도록 한다.
- 여기 교통기관 말고 또 어떤 특별한 교통기관이 있을까?
- 우리나라만의 특별한 교통기관에는 무엇이 있을까?
- 자유선택활동 시간에 또 어떤 특별한 교통기관이 있는지 찾아보도록 하자.

확장활동

〈교통기관 빙고 게임 - 조작〉

세계 여러 나라의 특별한 교통기관을 이용하여 빙고 게임을 한다.

〈교통기관 책 만들기 - 언어〉

수집한 세계 여러 나라의 특별한 교통기관 자료를 이용하여 책을 만들어 본다.

활동 3 모터쇼

활동유형: 조형

활동목표

- 특별한 환경과 사람에 적절한 교통수단을 창의적으로 생각해서 표현한다.
- 자신의 생각을 다양한 재료를 이용하여 다양하게 표현한다.

활동자료

특별한 자연 환경 그림 자료(북극, 남극, 열대 밀림, 아프리카 등), 사람들이 교통기관을 이용하는 그림 자료(휠체어 탄 장애인, 임산부, 할아버지, 아기를 안고 있는 엄마 등), 만들기 재료(재활용품, 장식용품)

활동방법

① 미래에 어떤 교통기관이 필요할지 이야기 나눈다.
- 미래에는 어떤 교통기관이 필요할까?
- (자연 환경 그림 자료를 보며) 여기는 어디인 것 같니?
- 이곳을 다니려면 어떤 교통기관이 필요할까?
- 어떤 기능이 있으면 좋을까?
- (사람들이 교통기관을 이용하는 그림 자료를 보며) 이 장면은 어떤 상황인 것 같니?
- 이 사람을 도와주려면 어떤 기능이 있으면 좋을까?

② 내가 만들고 싶은 교통기관에 대해 이야기 나눈다.
- 내가 만든다면 어떤 교통기관을 만들고 싶니?
- 왜 그것을 만들고 싶다고 생각했니?
- 어떻게 만들 수 있을까?
- 어떤 재료가 필요할까?

③ 다양한 재활용품과 재료들을 이용하여 다양한 교통기관을 만든다.

④ 모터쇼 영상을 보며 모터쇼 활동에 대해 이야기 나눈다.
- 여기서 무엇을 하는 걸까?
- 지금 이 사람들은 무엇을 하고 있니?
- 어떤 것들이 전시되어 있니?

⑤ 쌓기놀이 영역에 유아들이 만든 교통기관을 전시하여 모터쇼를 연다.

⑥ 활동을 평가한다.
- 내가 만든 교통기관을 전시하니 어떠니?
- 친구들이 만든 것을 보니 어떠니?

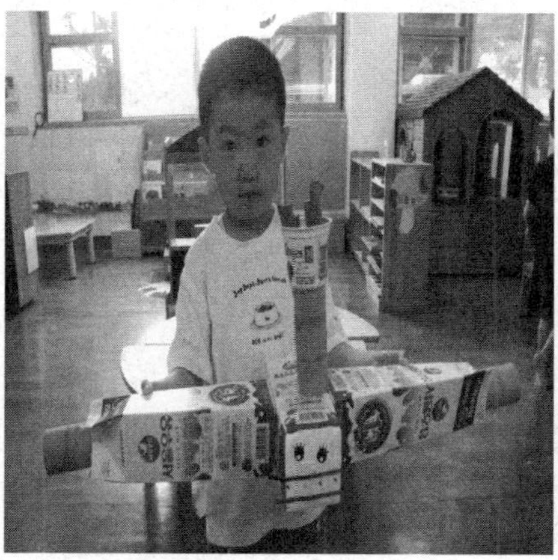

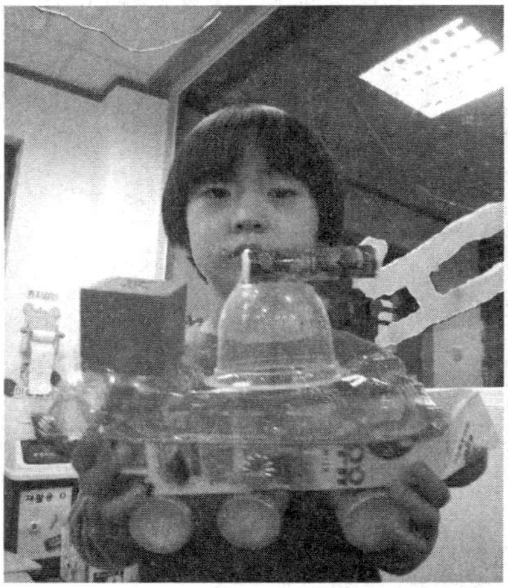
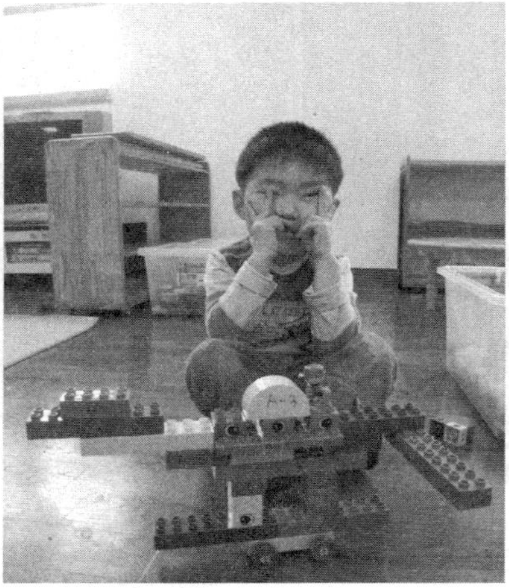

확장활동

〈관련 동화〉

'모터쇼 스타 방글이'(달토끼 글, 버들 그림, 태동출판사, 2008년) 동화를 감상한다.

활동 4

배려할 수 있어요

활동유형: 역할극

활동목표

- 교통약자를 위한 교통 편의시설에 관심을 갖는다.
- 교통기관을 이용할 때 배려해야 되는 상황을 알고 배려할 수 있다.

활동자료

교통약자(장애인, 임산부, 노약자, 아기엄마 등)가 교통기관을 이용하는 그림 자료, 교통약자를 위한 교통 편의시설(휠체어 리프트, 저상버스, 지하철 엘리베이터, 점자 안내판, 음성 안내, 유도 블록, 장애인용 버튼, 시각장애인용 음향 신호기, 노약자석, 임산부 배려석 등), 교통약자 머리띠

활동방법

① 교통약자가 교통기관을 이용하는 그림 자료를 보며 이야기 나눈다.

- 이 그림은 어떤 상황인 것 같니?
- 이 사람은 무엇을 하고 있니?
- 어떤 점이 어렵고 불편해 보이니?
- 그럼 어떻게 해야 좋을까?
- 교통기관을 이용하는 데 어려움이 있는 사람을 교통약자로 한다는 것을 이야기한다.

② 교통약자를 위한 편의시설에 대해 이야기 나눈다.
- 이 분들이 교통기관을 안전하고 편안하게 이용하려면 어떤 것들이 필요할까?
- 이것은 무엇일까?
- 이것은 어떤 일을 할까?
- 이것은 어떤 도움을 줄까?

③ 우리가 도와줄 수 있는 방법에 대해 이야기 나눈다.
- 우리는 어떻게 해야 할까?
- 어떤 것들을 도와드릴 수 있을까?
- 다른 분들이 우리를 도와주셨을 때는 우리는 어떻게 해야 할까?
- 어떤 말을 하면 좋을까?

④ 의자를 배열해 지하철을 만들고 역할을 정해 역할극을 한다.
- 할아버지가 타셨어요. 어떻게 배려해 드릴 수 있을까?
- 이번 역에서는 휠체어를 탄 장애인이 지하철을 타려고 해요. 어떻게 해야 할까?
- 어떻게 도와드릴 수 있을까?

⑤ 활동을 평가한다.
- 역할극을 해 보니 어떠니?
- 다른 사람을 도와주었을 때 어떤 기분이 드니?

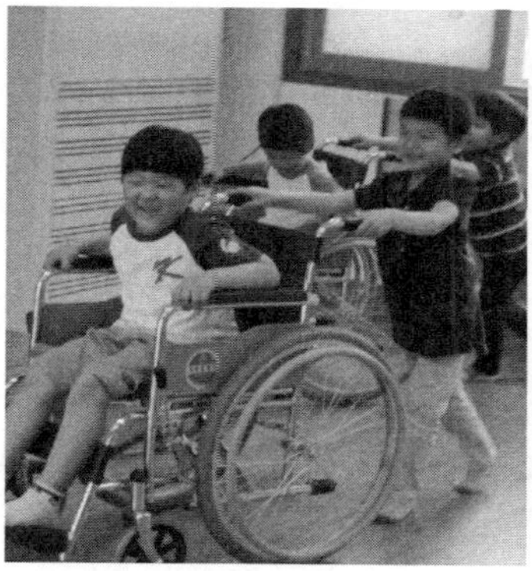
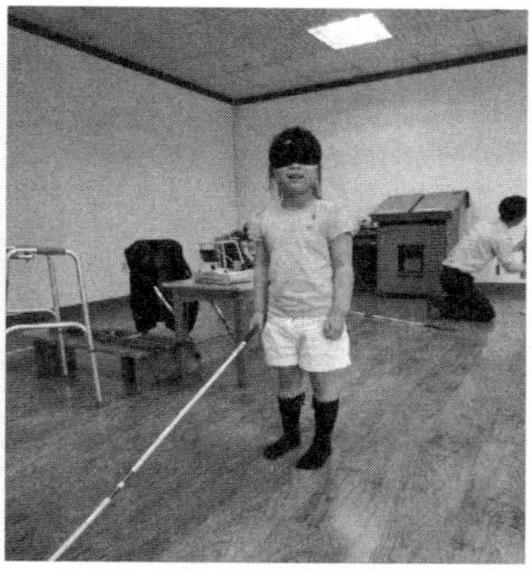
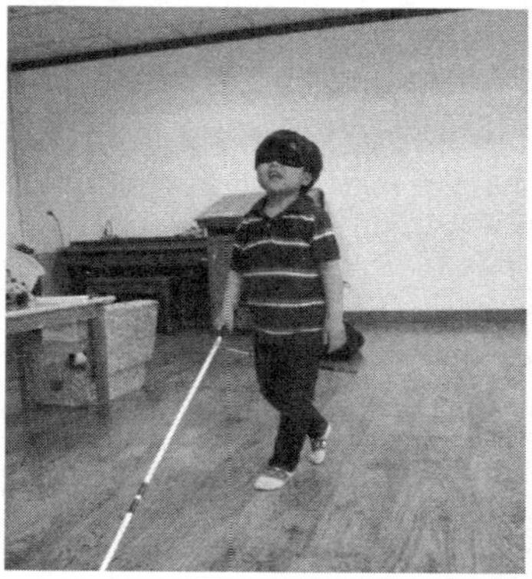

확장활동

〈현장체험 활동〉

지하철역에 가서 지하철을 타며 현장체험 활동을 한다.

유치원 주변을 돌아보며 교통약자 배려 시설을 찾아본다.

제12장

우리나라

1. 주제선정 이유
2. 주제망
3. 활동전개

1. 주제선정 이유

현대사회는 전자통신의 발달과 교통의 발달로 유아들은 다른 나라의 문화를 직접 혹은 간접적으로 접할 수 있는 기회가 많다. 또한 우리의 생활에서 문화 간 충돌, 문화와 문화가 혼용되는 경우가 빈번히 일어나고 있다. 인간이 가지고 있는 고유한 문화와 민족의 정체성은 한 사람이 생존하고 번영하기 위한 중요한 요소로 부각되고 있다. 유아기는 자신의 정체성의 기초를 형성하는 매우 중요한 시기이다.

이러한 시대적 상황에서 유아들이 우리나라의 문화를 접하고 이를 경험하는 것은 자신이 속한 국가에 대한 정확한 지식을 습득하고 친숙함을 느끼며 자긍심을 가질 수 있게 할 수 있다. 이를 바탕으로 유아들은 다른 나라의 문화를 접하게 되고 이를 기초로 다른 문화를 이해하고 존중하는 태도를 가질 수 있다. 또한 우리나라의 문화를 기초로 다양한 문화를 경험해 봄으로써 자연스럽게 다양한 문화에 대해 탐색하고 이해하는 것은 다문화 사회를 살아가야 할 유아들에게 많은 도움이 될 것이다.

전세계적으로 세계화와 경제적 · 문화적 문호 개방으로 인해 전통문화교육이 강조되어 가고 있다. 우리 문화를 바르게 알고 이해하며 변화하는 사회의 필요에 따라 전통을 변화시켜 가며 외국의 문화를 열린 마음으로 수용하고 이를 전통문화를 기초로 재창조하는 것은 현대사회를 살아가는 사회 구성원으로서 매우 중요한 태도이다.

제 11장에서는 유아가 세계화와 급변하는 현대사회에서 공존하는 문화를 이해하고 존중하며 이를 개방적으로 수용하여 재창조할 수 있는 능력과 태도를 기르고자 하는데 그 목적이 있다.

2. 주제망

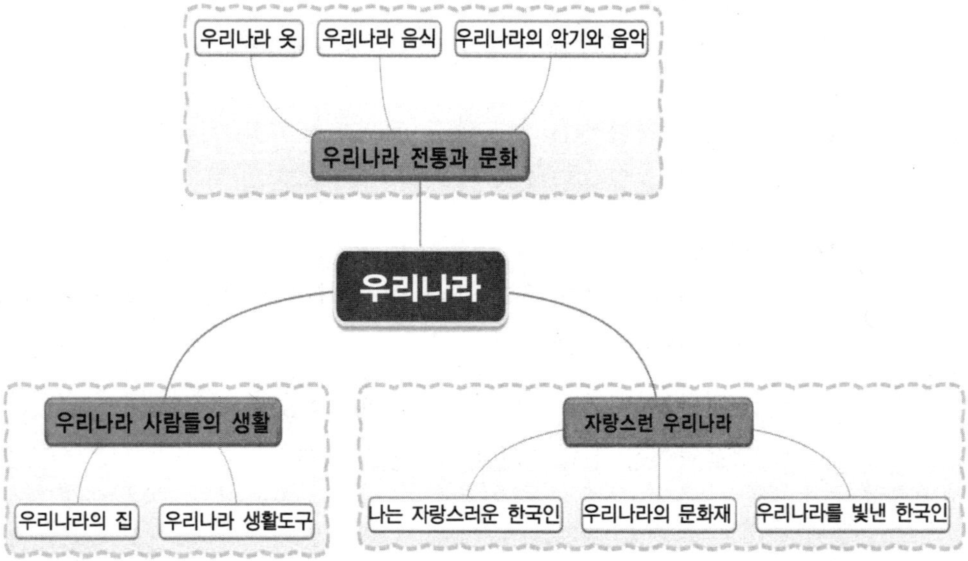

3. 활동전개

우리나라 전통과 문화

- ❀ 의상패션쇼
- ❀ 다른 나라에서 온 음식
- ❀ 함께 연주하는 아리랑

우리나라 사람들의 생활

- ❀ 우리나라와 다른 나라의 생활도구 알아보기
- ❀ 사는 집이 달라요

자랑스런 우리나라

- ❀ 나는 자랑스러운 한국인

활동 1 전통 의상 패션쇼

활동유형: 역할

활동목표

- 우리나라의 전통 옷과 다른 여러 나라의 전통 옷에 대해 관심을 갖고 특징을 알아본다.
- 여러 나라의 독특한 전통 의상을 소중히 여긴다.
- 역할놀이를 통해 다양한 경험을 한다.

활동자료

전통 의상(한복, 하와이 의상, 인디언 모자 등), 소품(부채, 모자, 전통악기 등), 패션쇼 영상, 패션쇼 음악

활동방법

① 우리나라의 전통 옷을 살펴보며 이야기 나눈다.
- 한복을 입어 본 적 있나요? 언제 입어 보았나요?
- 지금 우리가 입고 있는 옷과 어떤 점이 다른가요?

② 여러 나라의 전통 옷을 살펴보며 이야기 나눈다.
- 이런 옷을 본 적 있나요?
- 지금 우리가 입고 있는 옷과 어떤 점이 다른가요?

③ 패션쇼 영상을 보며 패션쇼 활동에 대해 이야기 나눈다.
- 여기서 무엇을 하는 것일까요?
- 지금 이 사람들은 무엇을 하고 있나요?
- 패션쇼를 하는 모델들은 어떤 표정인가요?
- 어떤 옷을 입고 있나요?

④ 패션쇼를 하기 위한 준비를 하고 역할을 나눈다.
- 패션쇼를 하기 위해 준비해야 하는 것은 무엇일까요?
- 무대는 어떻게 만들 수 있을까요?
- 패션쇼를 하기 위해서는 어떤 사람들이 있어야 할까요?

⑤ 여러 나라의 전통 옷 중 유아가 마음에 드는 옷을 골라 입어 본다.
- 어느 나라의 옷을 입었나요?
- 이 옷의 어떤 점이 마음에 들었나요?
- 이 옷에 어울리는 모자는 어떤 것일까요? 어떤 신발을 신어야 할까요?

⑥ 패션쇼를 한다.
- 무대 위에서 신나는 음악에 맞춰 패션쇼를 한다.
- 패션쇼를 마친 후 함께 기념 촬영을 한다.

⑦ 활동을 평가한다.
- 패션쇼를 해 봤는데 어땠나요?
- 어떤 점이 좋았나요?
- 어떤 점이 힘들었나요?
- 다음에는 어떻게 하면 더 멋진 패션쇼가 될 수 있을까요?

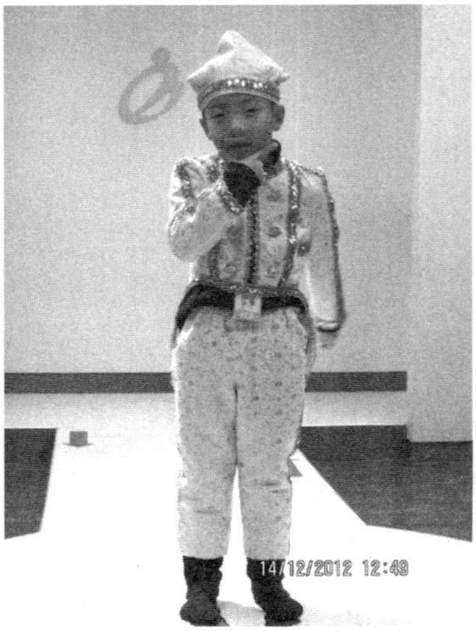

확장활동

〈다른 반 친구들 초대하기〉

초대장과 포스터를 만들어 붙인 후, 다른 반 친구들을 초대하여 패션쇼를 한다.

〈새로운 옷 디자인하기〉

여러 나라의 전통 옷의 특징을 알아본 후, 각 나라 전통 옷의 특징을 조합하여 새로운 옷을 디자인한다.

활동 2

다른 나라에서 온 음식

활동유형: 요리

활동목표

- 다른 나라에서 만들어진 음식을 우리나라에서도 즐겨 먹을 수 있음을 이해한다.
- 여러 나라의 독특한 전통음식을 소중히 여긴다.

활동자료

요리 도구(접시, 냄비, 국자 등), 요리 재료(카레가루, 감자, 양파, 당근, 쇠고기, 버섯 등)

활동방법

① 우리가 흔히 먹는 다른 나라 음식에 대해 이야기 나눈다.

- (피자, 카레, 자장면 사진을 보여주며) 이 음식들을 먹어 본 경험이 있나요?
- 어떤 음식을 먹어 보았나요?
- 음식의 맛은 어땠어요?
- 무엇으로 만들었었나요?
- 이 음식들은 어느 나라에서 온 음식들일까요?

② 유아들에게 카레가루를 보여주며 이야기 나눈다.

- 이것을 본 적이 있나요? 어떤 색깔인가요? 어떤 냄새가 나나요?
- 카레는 소스(국물)를 뜻하는 말로, 카레는 향신료(향기를 더해 주는 음식 재료) 중 하나로, 카레가루에 여러 가지 채소를 섞어 카레를 만든다는 것을 알고 있나요?

③ 유아들과 재료를 직접 썰면서 재료를 탐색한다.
- 재료의 색깔이 어떤 색인가요?
- 느낌이 어떤가요?
- 어떤 재료가 제일 단단한가요?
- 자를 때 어떤 소리가 나나요?

요리 방법

1) 카레가루를 물에 넣어 뭉치지 않게 잘 풀어 준비한다.
2) 감자, 양파, 쇠고기, 버섯, 당근은 알맞은 크기로 썰어 볶는다.
3) 볶은 재료에 물을 넣고 끓이다가 재료가 거의 익으면 카레물을 넣어 준다.
4) 냄비에 눌러 붙지 않게 잘 저어가며 끓여 준다.

④ 재료 준비가 끝나면 순서에 맞춰 카레를 만든다.
- 재료들을 볶으면 어떻게 변할까요?
- 여기에 카레를 넣으면 어떻게 될 것 같나요?

⑤ 완성된 카레의 맛을 보며 이야기 나눈다.
- 어떤 냄새가 나나요? 맛은 어떤가요?

- 우리가 즐겨 먹는 카레라이스는 인도의 카레를 우리 입맛에 알맞게 바꾼 음식이라는 것을 이야기한다.
- 다른 나라에서 전해 온 요리가 많지만, 먹는 나라 사람들의 입맛에 맞추어 발전시키는 것이 더 중요하다는 것을 이야기한다.

⑥ 점심시간에 유아들이 만든 카레를 먹는다.

확장활동

〈다른 나라 음식 조사〉

우리가 즐겨 먹는 음식 중 다른 나라에서 전해진 음식에 대해 조사활동을 해 본다(스파게티, 피자, 월남쌈 등).

〈이웃나라 음식점 놀이〉

역할영역에서 세계 여러 나라의 음식을 파는 식당놀이를 한다.

활동 3 함께 연주하는 아리랑

활동유형: 음악 감상

활동목표

- 다양한 나라의 전통악기로 연주한 아리랑을 감상하며 느낌을 이야기할 수 있다.

활동자료

여러 나라의 전통악기 실물 또는 사진, 음악 CD

활동방법

① 아리랑 음악에 대해 이야기 나눈다.
- 이런 음악을 들어 본 적 있나요?
- 어디에서 들어 봤나요?
- 이 음악은 '아리랑'이라고 하는 우리나라 노래예요.

② 우리나라와 다른 나라의 전통악기를 보며 이야기 나눈다.
- 이 악기를 본 적이 있나요?
- 소리를 들어 볼까요?
- 어떤 소리가 나나요?
- 이 악기의 이름은 OO예요.

- 이 악기는 OO나라에서 왔어요.

③ 음악 감상할 때 어떤 태도로 들어야 되는지 이야기 나눈다.
- 이 악기들이 다 함께 연주한 '아리랑'이라는 곡을 들어 볼 거예요.
- 음악을 들을 때 어떻게 들어야 할까요?

④ 음악을 감상한다.

⑤ 어떤 느낌이 들었는지 이야기 나눈다.
- 음악을 들어 보니 어떤가요?
- 어떤 느낌이 났나요?
- 어떤 악기의 소리가 들렸나요?
- 다른 나라에서 온 서로 다른 악기들이 함께 어우러져 아름다운 음악이 되었다는 것을 이야기한다.

확장활동

〈전통악기로 연주한 클래식 감상〉

우리나라의 전통악기로 외국의 음악(클래식)을 연주한 것을 감상해 본다.

활동 4 나는 자랑스러운 한국인

활동유형: 이야기나누기

활동목표

- 우리나라 사람임에 자긍심을 가진다.
- 우리나라를 빛내기 위해 스스로 할 수 있는 일이 있음을 안다.

활동자료

김연아 선수 경기 비디오, 우리나라의 자랑스러운 사람들의 사진(조수미, 반기문, 하인즈워드, 싸이 등)

활동방법

① 김연아 선수의 올림픽 경기 영상을 보며 이야기 나눈다.

- 이 사람을 본 적 있나요?
- 지금 무엇을 하고 있나요?
- 어떤 느낌이 드나요?
- 어떻게 금메달을 딸 수 있게 되었을까요?

② 우리나라를 빛내고 있는 자랑스러운 사람들의 사진, 신문기사 등을 보면서 이야기 나눈다.

- 이 사람을 본 적 있나요?
- 누구일까요? 어떤 일을 하는 사람일까요?

- 이 신문에서는 뭐라고 말하고 있나요?
- 이 사람들을 보면서 다른 나라 사람들은 어떻게 생각할까요?
- 우리나라에 대해서 어떻게 생각할까요?

③ 나도 자랑스러운 한국인이 되려면 어떻게 하면 좋을지 이야기 나눈다.

- 나도 이렇게 자랑스러운 한국인이 되려면 어떻게 할 수 있을까요?
- 어떤 노력을 해야 할까요?
- 다양한 분야, 다양한 사람들이 모두 대한민국의 자랑스러운 사람들임을 이야기한다.

확장활동

〈미래의 나에게 편지 쓰기〉

어른이 되어 대한민국을 빛내고 있을 자랑스러운 나에게 편지를 써 본다.

제13장

세계 여러 나라

1. 주제선정 이유
2. 주제망
3. 활동전개

1. 주제선정 이유

오늘날 국가 간의 상호 의존도가 높아지고 교류가 활발해지고 있다. 특히, 경제, 정치, 문화, 교육 등 모든 영역이 국가와 국가 사이의 경계가 모호해지면서 세계화 시대를 맞이하고 있다. 전세계의 모든 사람들은 사회적 문제를 함께 공유하고 그 해결책을 모색해 나가며 함께 더불어 살아가는 방법을 찾는데 많은 시간과 노력을 아끼지 않는다. 이에 유아들도 유아의 주변에서 다문화 가정을 경험하거나 세계 여러 나라를 방문하면서 다른 나라에 대한 문화를 접할 수 있는 기회가 늘어나고 있다. 따라서 유아가 세계 여러 나라에 대한 올바른 가치관 형성과 태도를 형성하는 것은 매우 중요하다.

2007 유치원교육과정에서는 사회관계 영역의 내용 체계에서 사회에 관심갖기 내용범주와 관련하여 유아가 우리나라 문화에 대한 정체성을 기초로 세계 여러 나라의 문화에 관심을 갖고 다른 나라의 문화를 이해하고 존중하는 인간으로 성장하도록 교육 내용을 제시하고 있다. 그래서 유아들이 성, 민족, 문화, 장애, 사회계층에 대한 다양성과 보편성을 알고 편견이나 고정관념 없이 이들의 의식주나 풍습에 대해 알아보고 관심을 가지며 이해할 수 있는 기회를 제공하는 것이 필요하다.

제10장에서는 유아가 우리와 다른 세계 여러 나라 사람들의 생활에 대해 관심을 가지고 이해할 수 있도록 하며 국가 간의 경계를 넘어 서로 교류하고 협력하며 더불어 살아가는 방법에 대해 알 수 있도록 그 기회와 경험을 제공하고자 '이웃나라' 주제를 선정하였다. 유아들이 이웃나라에 관련된 교육활동과 놀이를 통해 다른 나라와 다른 문화를 접하고 이를 이해하며 존중하는 태도를 기르고 서로 협력하며 더불어 살아가는 방법을 알아볼 수 있는데 그 목적이 있다.

2. 주제망

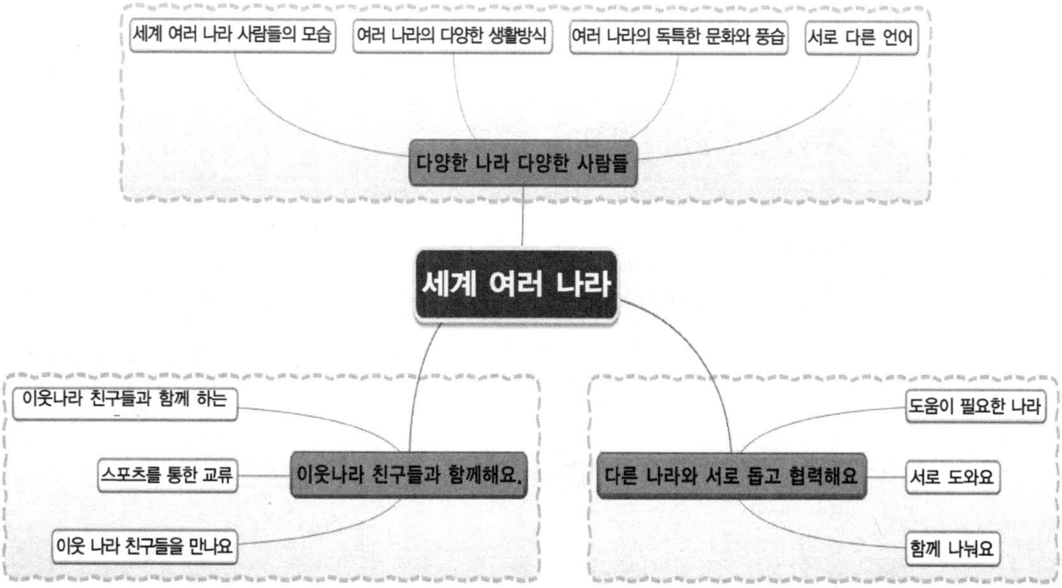

3. 활동전개

다양한 나라 다양한 사람들

- ❀ 거짓말 같은 이야기
- ❀ 세계의 아침인사

이웃나라 친구들과 함께해요

- ❀ 함께 즐기는 올림픽

다른 나라와 서로 돕고 협력해요

- ❀ 1000원의 힘

활동 1 거짓말 같은 이야기

활동유형: 동화 / 언어

활동목표

- 동화를 통해 다른 나라의 친구에 대해 관심을 갖는다.
- 다른 나라 친구들도 우리와 같이 어려움이 있다는 것을 알고, 이해하는 마음을 가진다.
- 동화를 듣고 내용을 이해한다.

활동자료

감정카드, 동화자료

활동방법

① 내가 지금까지 지내면서 기뻤던 일에 대해 이야기 나누고, 힘들고 어려웠던 일들에 대해서도 이야기 나눈다.

- 지금까지 기뻤던 일이 있니? 언제가 가장 기쁘고 즐거웠니?
- 지금까지 힘들고 어려웠던 일이 있니? 언제 힘들고 어려웠니?

② 다른 나라 친구들에 대해 이야기 나누고, 다른 나라 친구들도 우리처럼 기쁘고 힘들고 어려운 일이 있을지에 대해 생각해 보고 이야기 나눈다.

- 다른 나라 사람들을 본 적이 있니?
- 다른 나라 사람들도 우리가 느끼는 것처럼 기쁘고 힘들고 어려운 일이 있을까?
- 만약 내가 다른 나라에 살고 있는 사람이라면 어떨까?
- 만약 내가 다른 나라에 살고 있는 사람이라면 어떤 점이 어렵고 힘들까?

③ '거짓말 같은 이야기' 동화를 듣고, 회상하며 이야기 나눈다.
- 동화에 어떤 나라에 살고 있는 친구들이 나왔니?
- 그 친구들이 힘들어 하는 일은 무엇이었니?

④ 우리나라에도 도움이 필요한 친구들이 있듯이 다른 나라에도 도움이 필요한 친구들이 있다는 것에 대해 이야기 나누고, 우리가 할 수 있는 일들에 대해 이야기 나눈다.
- 도움이 필요한 친구들을 도와준 적이 있니?
- 도움이 필요한 다른 나라 친구들을 위해 우리가 할 수 있는 일에는 무엇이 있을까?

확장활동

〈다른 나라 친구에게 편지쓰기 - 언어〉

다른 나라 친구들에게 나를 소개하는 글과 하고 싶은 말들을 직접 편지지에 적어 보는 활동을 해 본다.

〈어디에서 왔나 - 음률〉

세계 여러 나라와 관련된 동요를 불러 보며 다른 나라 사람들에 관심을 가진다.

활동 1 1000원의 힘

활동유형: 이야기나누기 / 언어

활동목표

- 다른 나라 사람들의 어려움에 대해 이해한다.
- 어려움에 처한 사람들을 도울 수 있는 방법에 대해 관심을 갖고 알아본다.
- 자신의 생각과 느낌을 말로 표현한다.

활동자료

1000원 지폐 실물자료, 수수께끼 상자, 어려움에 처한 아이들을 도와주는 영상

활동방법

① 1000원 지폐 실물자료에 대한 수수께끼를 내어 주의집중한다.
- 이것은 네모 모양이고, 숫자 1과 0이 들어간다. 그리고 이것으로 내가 사고 싶은 물건도 살 수 있다. 여기에는 우리나라의 율곡 이이 선생님이 그려져 있는 이것은 무엇일까?

② 1000원을 가지고 물건을 샀던 경험에 대해 이야기 나눈다.
- 1000원을 가지고 물건을 산 적이 있니?

- 어떤 물건들을 사 보았니?
- 혹시 1000원을 가지고 물건을 사지 못한 적이 있니?
- 그 때는 어떻게 해 보았니?

③ 1000원을 가지고 우리가 할 수 있는 일들에 대해 이야기 나눈다.
- 우리가 1000원을 가지고 우리들이 필요한 물건이나 우리들이 사고 싶은 물건을 살 수도 있지만, 도움이 필요한 사람들에게 어떻게 도움을 줄 수 있을까?

④ 1000원이나 100원을 모아 어려움에 처한 다른 나라 사람들을 도와주는 영상을 보여 준다.
- 100원이나 1000원처럼 적은 돈을 가지고도 다른 나라 사람들을 도와줄 수 있을까?
- 그렇다면 우리는 어떻게 하는 것이 좋을까?
- 우리가 모은 돈은 어떻게 다른 나라 친구들에게 전해질 수 있는 걸까?

⑤ 이렇게 우리가 먹고 싶은 것, 사고 싶은 것을 아끼고 모아서 다른 나라에 살고 있는 어려운 친구들을 도와줄 수 있다는 것에 대해 이야기 나누고, 직접 실천해 볼 수 있도록 한다.

확장활동

〈나눔 포스터 만들기 - 조형〉

나눔과 관련된 기사 내용을 들려주고 나눔의 의미에 대해 생각해 보며 도화지에 다양한 방법으로 나눔 포스터를 만들어 본다.

활동 3 함께 즐기는 올림픽

활동유형: 게임

활동목표

- 여러 나라 사람들이 함께 즐기는 올림픽에 관심을 가진다.
- 신체활동에 즐겁게 참여한다.

활동자료

올림픽 경기 동영상, 올림픽에 선정된 경기(펜싱, 레슬링, 태권도, 리듬체조, 마라톤, 100m달리기) 사진카드, 올림픽에 선정되지 않는 경기(수상스키, 골프, 야구), 유니바 4개, 융판 2개, 바구니 2개, 점수판, 출발 신호 악기

활동방법

① 하계 올림픽에 대한 동영상을 보고 난 후 이야기 나눈다.
- 올림픽에 대해 들어 본 적이 있니?
- 올림픽이란 무엇일까?
- 올림픽을 하는 이유는 무엇일까?
- 올림픽은 몇 년 만에 열릴까?
- 올림픽에 참여하는 나라는 어떤 나라들이 있을까?

② 올림픽에서 하는 경기에 대해 알아본다.

- 텔레비전으로 올림픽 경기를 보았던 적이 있니?
- 올림픽에서는 어떤 경기들을 할까?
- 사진을 보며 어떤 경기가 있는지 이야기 나눈다.
- 이 경기는 어떻게 하는 것일까?

③ 올림픽에 선정되지 않은 경기에 대해 알아본다.
- 사람들이 즐겨하거나 대회가 있기는 하지만 올림픽에서 하지 않는 경기들이 있는데 어떤 경기일까?
- 사진을 보면서 이야기 나눈다.
- 이 경기의 이름은 무엇일까? 어떻게 하는 것일까?

④ 게임 방법을 소개한다.
- 게임을 하기 전에 팀을 나눈다.
- 출발선에 서서 출발 신호를 울리면 출발해서 유니바를 두 발로 점프하여 넘은 후 앞쪽에 붙어 있는 경기들 중에서 올림픽에서 열리는 경기를 골라서 가져온다.
- 유아가 시범을 보인다.
- 약속 및 규칙을 정한다.
- 게임을 진행한다.
- 게임을 진행할 때 유아들이 유니바를 두 발로 점프하여 넘을 수 있도록 하며 약속이나 규칙을 지켜서 게임할 수 있도록 격려한다.

⑤ 게임을 평가한다.
- 올림픽 게임을 해 보았는데 어땠니?
- 올림픽 게임을 할 때 어려운 점은 없었니?

- 다음에 어떻게 하면 더 재미있는 게임을 할 수 있을까?

확장활동

〈동계올림픽과 하계올림픽 분류〉

동계올림픽의 경기와 하계올림픽의 경기에 대해 알아보고 동계와 하계의 특징을 이해하며, 이를 분류해 보는 활동을 해 볼 수 있다.

〈관련동화〉

동계올림픽과 관련된 동화 '못 말리는 태키의 겨울 올림픽'(헬렌레스터 글, 린먼싱어 그림, 김연수 역, 중앙출판사, 2007년) 감상하기

활동 4 세계의 아침인사

활동유형: 새노래

활동목표

- 세계 여러 나라에 관심을 가진다.
- 노래를 통해 세계 여러 나라 인사말을 익힌다.

활동자료

세계의 아침 인사 악보, 새노래판

활동방법

① 세계 여러 나라 인사말을 알아본다.
- 세계에 어떤 나라들이 있을까?
- 노래판을 보며 어떤 나라 인사말이 있니?
- 노래판에 나온 나라 뿐만 아니라 또 어떤 나라 인사말이 있을까?
- 노래 속에 나오는 인사말을 옆 친구와 함께 직접해 본다.

② 인사의 의미에 대해 이야기 나눈다.
- 왜 서로 인사를 할까?
- 인사를 하면 마음이 어떠니?

- 서로 다른 언어이지만 만나서 반갑다고 인사해 보니 어떤 느낌이 드니?

③ '세계의 아침인사' 노래를 불러 본다.
- 전체 노래를 들려준다.
- 교사가 전체 가사 내용을 이야기해 주며, 가사를 읽어 본다.
- 허밍으로 부르며 멜로디를 익힌다.
- 한 음절로 노래를 불러본다.
- 가사를 넣어 한 소절씩 불러본다.
- 전체 노래를 불러본다.

세계의 아침인사

작사 : 에클로프/ 작곡 : 에클로프

한국말로 인사는 안녕하세요 안녕하세요 안녕하세요
한국말로 인사는 안녕하세요 안녕하세요
중국말로 인사는 니하오마 니하오마
하와이 말로 인사는 알로하 알로하 알로하
하와이말로 인사는 알로하 알로하

④ 새노래 활동 후 평가한다.
- 여러 나라 인사말에 관한 노래를 불러 보니 어땠니?

- 어떤 점이 재미있었니? 어떤 점이 어려웠니?
- 다음에는 또 어떤 방법으로 노래를 불러 볼 수 있을까?

확장활동

〈세계의 아침인사 -신체표현〉

유아들이 두 개의 원형을 만들어 서로 마주 보고 서서 음악에 맞추어 인사를 나눈다. 익숙해지면 옆으로 이동하면서 인사를 해 본다.

제14장

지구와 환경

1. 주제선정 이유
2. 주제망
3. 활동전개

1. 주제선정 이유

유아는 태어나면서부터 인적, 물리적, 자연적 환경에 접하게 된다. 또한 사람들은 이러한 환경에 영향을 받기도 하며 영향을 주기도 한다. 유아들이 삶을 살아가는데 자신의 주변을 탐색하고 알아가는 과정은 살아가는데 있어 기초적인 지식을 습득하고 적응하는데 매우 주요하다. 더욱이 우리가 살아가고 있는 지구와 생활환경에 대해 이해하고 탐색하는 과정 역시 유아가 살아가기 위해 적응하는데 매우 중요한 것이다. 따라서 우리 주변의 자연과 우주를 탐색하는 것은 유아들이 살아가는 데 있어 행복한 삶을 위한 중요한 경험이 될 수 있다.

유아는 가족과 이웃이 생활하는 공간이 지구라는 사실을 인식하고 흥미와 호기심을 가지며 탐구하는 경험을 가지는 것이 중요하다. 또한 우리의 삶의 터전인 지구를 보호하고 이를 보호하기 위한 방법에 대해 알아보기 생활환경을 깨끗하고 소중하게 보존하려는 태도를 기르는 것도 중요하다. 지구와 환경에 대한 주제는 유아들이 쉽게 접할 수 있는 여행을 통해 접근할 수 있으며 지구에 있는 나라와의 관계와 상호연계에 대해 경험해 볼 수 있는 기회를 제공할 수 있다. 또한 자연이 우리에게 주는 혜택에 대해 알아보고 이를 직접 느끼고 경험할 수 있으며 이를 통해 우리가 자연을 보호하고 보존하기 위한 방법에 대해서 인식하고 그 방법을 실천해 볼 수 있도록 하는 경험을 제공해야 한다.

제12장에서는 유아가 자신이 살아가고 있는 주변 세계, 즉 자연, 환경, 지구에 대해 관심을 가지고 보호와 보존할 수 있는 방법과 방안에 대해 생각하며 이를 실천하는 사회 구성원으로 성장할 수 있도록 돕고자 한다.

2. 주제망

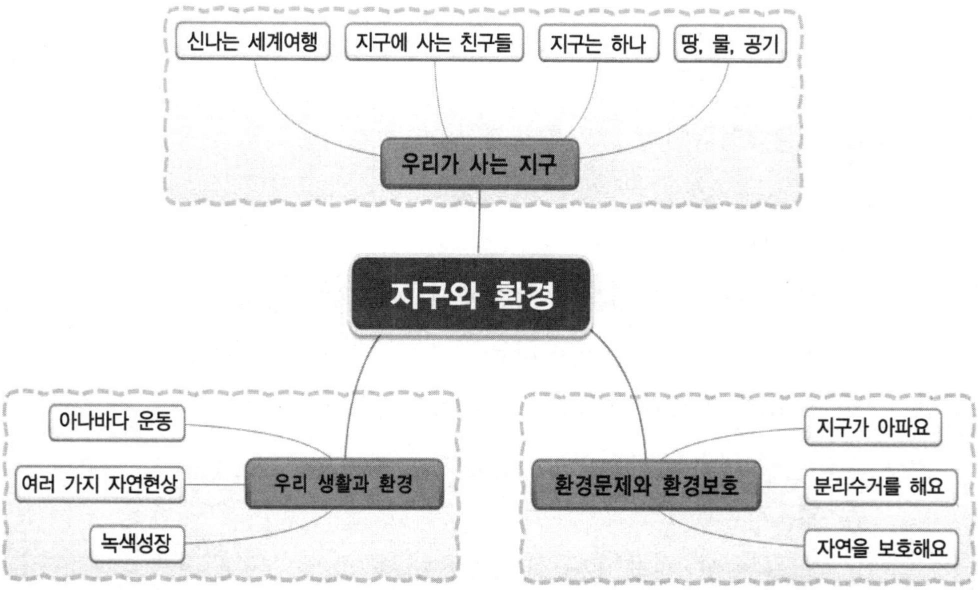
신나는 세계여행
지구에 사는 친구들
지구는 하나
땅, 물, 공기
우리가 사는 지구
지구와 환경
아나바다 운동
여러 가지 자연현상
녹색성장
우리 생활과 환경
환경문제와 환경보호
지구가 아파요
분리수거를 해요
자연을 보호해요

3. 활동전개

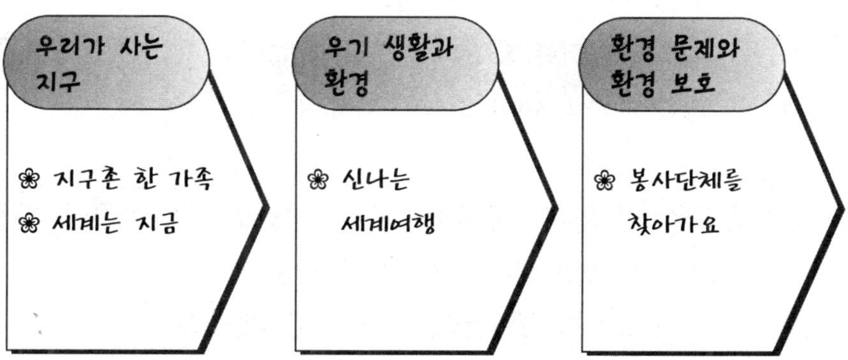
우리가 사는 지구
❀ 지구촌 한 가족
❀ 세계는 지금
우기 생활과 환경
❀ 신나는 세계여행
환경 문제와 환경 보호
❀ 봉사단체를 찾아가요

활동 1

세계는 지금

활동유형: 언어

활동목표

- 지구에 일어나는 환경문제에 관심을 가진다.
- 여러 나라에서 일어나는 소식에 관심을 가진다.
- 소식에 대한 자신의 생각과 느낌을 이야기한다.

활동자료

뉴스 영상 자료, 캠코더, 마이크

활동방법

① 뉴스를 본 경험에 대해 이야기 나눈다.
- 뉴스를 본 사람이 있니?
- 뉴스에는 어떤 내용이 나오니?
- 뉴스에는 다른 나라의 소식도 있었니?
- 다른 나라의 어떤 소식이 나왔니?

② 환경오염이나, 북극 동물들이 사는 곳이 없어지는 내용 등 환경에 관한 뉴스 동영상을 보고 이야기 나눈다.
- 함께 뉴스를 보았는데, 어떤 소식이었니?

- 우리가 본 내용 이외에 또 어떤 환경문제가 있을까?
- 이러한 환경문제를 우리들도 사람들에게 알릴 수 있을까?
- 우리가 사람들에게 환경문제, 소식을 알리는 이유는 무엇일까?

③ 뉴스를 직접 만들기 위해 우리가 준비해야 되는 것들에는 어떤 것이 있는지 이야기 나눈다.

- 뉴스에는 어떤 사람이 나오니?
- 또 뉴스를 보면서 보여진 것이 있니?
- 뉴스를 우리가 직접 뉴스를 만들기 위해서 어떤 것들이 필요할까?
- 우리가 만들고 준비한 것을 가지고 뉴스를 어떤 방법으로 만들어 보면 좋을까? 뉴스를 완성하기 위해서는 어떤 도구들이 필요할까?
- 어떻게 준비하고 어떤 방법으로 만들면 좋을까?

④ 캠코더를 이용하여 뉴스를 직접 만들어 본다.

- 우리가 만든 도구들을 가지고 뉴스를 만들 때 어떤 내용으로 뉴스를 만들어 보면 좋을까?
- 아나운서와 기자는 어떻게 정하면 좋을까?
- 뉴스를 하기 위해 또 어떤 사람이 필요할까?
- 어떤 배경으로 뉴스를 만들면 좋을까?

⑤ 유아들이 직접 만든 뉴스를 다함께 보며 이야기 나눈다.

- 우리가 직접 만든 뉴스를 보니 어떤 생각과 어떤 느낌이 드니?
- 오늘 뉴스를 만들면서 아쉬웠던 점이 있니?

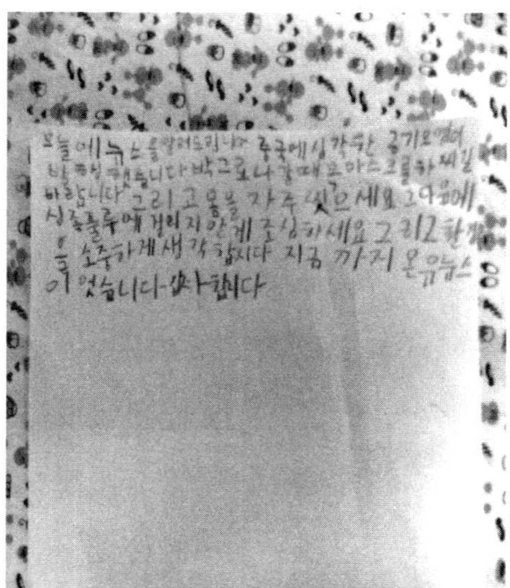
오늘에 뉴스를 알려드리니다 중국에 심각한 공기오염이
발생했습니다 밖으로나갈때 마스크를하시길
바랍니다 그리고 몸을 자주 씻으세요 그다음에
식중독에 걸리지 안게 조심하세요 그리고 환경
을 소중하게 생각합시다 지금 까지 온유뉴스
이 였습니다 감사합니다

확장활동

〈세계 신문 만들기 - 조형〉

세계의 소식을 전하는 방법에는 뉴스 뿐만 아니라 신문으로도 만들 수 있다는 것을 이야기하며, 신문을 탐색해 보고, 종이에 직접 세계 소식을 담은 신문을 만들어 본다.

〈인사하며 세계여행 - 신체〉

세계 여러 나라 인사 방법에 대해 알아보고, 여러 가지 신체 기구들을 사용하여 행진곡 음악에 맞추어 활동해 본다. 순환운동으로 원대형으로 놓인 신체 기구들을 차례대로 수행하고 각각의 신체 기구들을 수행하고 난 후 세계 여러 나라 말로 인사한다.

활동 2

봉사단체를 찾아가요

활동유형: 견학

활동목표

- 환경문제에 관심을 가지고 환경을 보호하는 마음을 가진다.
- 환경을 보호하는 방법에 대해 안다.

활동자료

환경문제 사진자료, 봉사단체 그림자료

활동방법

① 환경문제에 대한 기사 내용이나 이야기를 들려준다.
- 우리가 사는 지구에는 어떤 환경문제들이 있니?
- 또 어떤 환경문제들이 있을까?
- 이러한 환경문제들을 위해 우리는 어떤 일을 할 수 있을까?

② 환경문제에 대해 관심을 가지고 환경을 보호하는 일을 직접 실천하는 사람들이나 단체에 대해 이야기 나눈다.
- 환경문제에 관심이 있고 환경 보호를 직접 실천하고 있는 사람들이 모여 단체를 만들었다는 것을 이야기하며 여러 가지 봉사단체를 찾아보고 이야기 나누어 본다.

이 단체는 어떤 일을 하는 곳일까?

③ 환경보호를 실천하는 봉사단체를 직접 찾아간다.
- 우리가 직접 봉사단체에 가서 그 곳에서 어떤 것들을 보고 오면 좋을까?
- 우리가 직접 봉사단체에 가서 그 곳에 있는 사람들에게 어떤 것들을 물어 보고 알아오면 좋을까?
- 우리가 직접 봉사단체를 찾아갈 때 지켜야 할 약속이 있을까?

④ 봉사단체를 다녀 온 후 이야기 나눈다.
- 우리가 직접 봉사단체에 다녀오니까 어떤 생각이 드니?
- 우리가 직접 봉사단체에 다녀와서 알게 되었던 점이 있니?

확장활동

〈깨끗한 환경을 만들어요 - 게임〉

환경보호에 대해 다시 한번 생각해 보고, 편게임으로 깨끗한 환경을 만들 수 있는 방법들을 찾아 깨끗한 환경을 만들고 돌아오는 게임을 해 본다.

활동 3 신나는 세계여행

활동유형: 역할

활동목표

- 지구에는 세계 여러 나라가 있다는 것을 알고, 세계 여러 나라에 대해 관심을 가진다.

활동자료

관광 안내 책자, 여행 스크랩 사진 자료, 다른 나라 여행지에서 찍은 사진 자료 및 기념품, 캐리어, 여권

활동방법

① 다른 나라에 다녀온 유아의 경험에 대해 이야기를 들어 본다.
- 다른 나라를 가 본 적이 있니?
- 언제 다녀왔니? 어떤 나라에 다녀왔니?
- 여행에서 재미있었던 일이 있었니?
- 만약 다른 나라로 여행을 간다면 어떤 나라로 가고 싶니?
- 그 나라에 왜 가고 싶은 생각이 들었니?

② 다른 나라를 여행하는 이유에 대해 이야기 나눈다.
- 다른 나라를 여행하는 이유는 무엇일까?

- 다른 나라를 여행하면 어떤 점이 좋을까?

③ 여행을 가기 위해 필요한 것에 대해 이야기 나눈다.

- 다른 나라를 가기 위해 필요한 것은 무엇이 있을까?
- 다른 나라로 여행하기 위해서 여권이라는 신분증이 필요하다는 것을 이야기해 준다. 여권을 본 적이 있니? 여권은 어떻게 생겼니? 여권은 무엇을 의미하는 것일까? 여권은 무엇을 나타내 주는 것일까?
- 다른 나라로 여행하기 위해 어떤 교통수단을 이용할까?
- 역할놀이에서 세계여행 놀이를 하기 위해서 어떤 것들이 필요할까?
- 어떻게 만들어 보면 좋을까?

④ 세계여행 놀이를 하기 위한 필요한 소품들을 만들고 구성하여 놀이한다.

- 다른 나라로 가기 위해 어디로 갈까?
- 공항에는 어떤 것들이 있을까?
- 다른 나라로 가기 위해서 어떤 과정이 필요할까?

확장활동

〈여행 안내 책자 만들기〉

수집한 다른 나라 사진 자료들을 모아서 여행 안내 책자를 만들어 본다.

〈여행 가고 싶은 나라 조사하기〉

가고 싶은 나라를 조사하여 그래프로 나타낸다.

활동 4 지구촌 한 가족

활동유형: 조형

활동목표

- '지구촌 한 가족'이라는 말의 의미에 대해 안다.
- 지구에 사는 사람들은 모습은 다르지만 모두 한 가족이 될 수 있다는 것을 안다.
- 다양한 재료를 이용하여 지구촌 한 가족을 표현한다.

활동자료

지구 사진 자료, 세계 여러 나라 사람 사진 자료, 종이, 색연필, 사인펜, 가위, 풀 등

활동방법

① 우리가 살고 있는 지구와 세계 여러 나라에 대해 이야기 나눈다.
  - 우리가 살고 있는 지구는 어떻게 생겼니?
  - 우리가 살고 있는 지구를 보면 어떤 느낌이 드니?
  - 우리가 살고 있는 지구에는 어떤 나라들이 있니?
  - 다양한 나라 사람들의 특징은 무엇이니?

② '지구촌 한 가족'이라는 말의 의미에 대해 생각해 보며 우리가 살고 있는 지구에 사는 사람들의 모습이 달라도 모두 한 가족이 될 수 있다는 것에 대해 이야기 나눈다.

- 세계 여러 나라 사람들과 우리는 어떤 점이 다르니? 어떤 점이 같니?
- 모습이 모두 다르지만 생각과 생활하는 어떤 것이 다를까?
- 모습이 다르지만 지구에 함께 살고 있는 우리들은 어떻게 지내는 것이 좋을까?
- '지구촌 한 가족'이라는 말은 어떤 의미가 있을까?

③ '지구촌 한 가족' 조형활동 방법에 대해 이야기하고, 조형활동을 해 본다.

- 우리가 살고 있는 지구를 종이에 그리고 오린다.
- 세계 여러 나라 사람들의 모습을 특징을 살려 종이에 그리고 오린다.
- 세계 여러 나라 사람들의 모습의 사람 그림을 지구 위에 동그랗게 붙인다.
- 세계 여러 나라 사람들이 한 가족처럼 지내는 모습을 표현하기 위해서는 또 어떤 방법이 있는지 이야기 나누고 자신만의 방법으로 표현한다.

④ 활동 후 친구들의 작품을 소개하고 활동을 평가한다.

- 지구촌 한 가족을 다른 친구들은 어떻게 표현해 주었니?
- 어떤 부분을 잘 표현해 준 것 같니?
- 어떤 것을 보여주기 위해 이렇게 표현해 준 것일까?
- 다음에 또 지구촌 한 가족 조형활동을 한다면 어떤 것을 더 표현해 주면 좋을까?

확장활동

〈지구촌 한 가족 - 새노래〉

지구에 사는 사람들과 한 가족이 될 수 있다는 것을 알고, 지구촌 한 가족(김진영 작사/작곡) 노래를 불러 보는 활동을 해 본다.

참고 문헌

교육과학기술부(2009). **유아를 위한 세계이해교육활동 지도자료**, 선명인쇄주식회사.

_____________(2009). **'09년 다문화가정 학생 교육 지원계획**, 2009. 7. 1. 보도자료.

권금상 외(2012). **다문화사회의 이해-9가지 접근**, 태영출판사.

김영옥 외(2011). **유아다문화교육의 이론과 실제**, 학지사.

김혜숙(2011). **생활주제와 통합된 유아다문화교육의 이론과 실제**, 양서원.

박찬옥 외(2011) **유아다문화교육**, 창지사.

배재대학교 유아교육과(2008), **교재교구를 활용한 다문화교육의 실제**, 다음세대.

성용구(2009). "우리나라 다문화교육의 문제와 개선", **초등교육연구논총** 제25권 2호 (219-248), 대구교육대학교 초등교육연구소.

_____(2011). "결혼이주여성 지원정책의 체계적 개선", **열린교육연구** 제18집 제1호 (255-276), 한국열린교육학회.

_____(2111). "이주민의 유입 배경에 따른 다문화정책의 세분화", **초등교육연구논총** 제27집 제2호(105-121), 대구교육대학교 초등교육연구소.

양영자(200). 한국 다문화교육의 개념 정립과 교육과정 개발 방향 탐색, 이화여자대학교 박사학위 청구논문.

유흥옥 외(2011). **유아를 위한 다문화교육**, 양서원.

장영희(1997). 유아를 위한 다문화교육의 개념 및 교수방법에대한 이론적 고찰, 성신논문집35호, (295-315).

최충옥 외(2009). **다문화교육의 이론과 실제**(개정판). 양서원.

________(2010). **다문화교육의 이해**. 양서원.

Banks, J. A.(2002). An Introduction on Multicultural Education(3rd ed.), Allyn and

Bacon.

Bennett, C. I.(2007). Multicultural Education : Theory and Practice, Allyn and Bacon.

Bright, M.(1996). Developing Sensitivity to Children's Cultural Comfort zone. Early Childhood Education, 29(2), 24-27.

Derman-Sparks, L.(1992). Reaching Potentails through Antibias. Multicultural Curriculum, S. Bredekamp & T. Rosegrant(Eds,) Reaching Potentails: Appropriate Curriculum and Asessment for Young Children, NAEYC.

Hall, N. S. & Rhomberg, V.(1995). The Affective Curriculum : Tools for Compowering Young Children, Nelson Canada.

Kendall, F. E.(1996). Diversity in the Classroom- New Approachs to the Education of Young Children(2nd edition). Teachers College , Columbia University.

Melendez, W. R. & Beck, W.(2010). Teaching Young Ckildren in Multicultural Classrooms-Issues, Concepts, and Strategies,(3rd Ed.), Wadsworth Cengage Learning.

Nieto, S. & Bode, P.(2012). Affirming Diversity in the Classroom-The Sociological Contrxt of Multicultural Education (6th edition), Pearson.

Ramsey P. G.(2004). Teaching and Learning in a Diverse World (3rd edition), Teachers College , Columbia University.

Swiniarski, Breiborde & Murpy(1999). Educating the global village : Including the young child in the world.

저자 소개

✍ 성용구

대구교육대학교 교육학과 교수
공주사범대학 교육학과 졸업
충남대학교 대학원 교육사회학전공(교육학박사)
미국 웹스터대학교 교환교수

[주요 저서 및 논문]

다문화사회의 이해-9가지 접근(공저)
새로운 교육사회학
프로젝트 접근법-레지오 에밀리아의 한국 적용(공저)
연구방법-질적, 양적 및 혼합연구의 실제(공역)
우리나라 다문화교육의 문제와 개선
결혼이주여성 지원정책의 체계적 개선
이주민의 유입 배경에 따른 다문화정책의 세분화 등

✍ 송의열

한국영상대학교 유아교육과 교수
공주대학교 사범대학 교육학과 졸업
중앙대학교 대학원 유아교육학과
건국대학교 대학원 교육심리학 전공(교육학박사)
미국 노스이스턴일리노이대학교 교환교수

[주요 저서 및 논문]

인간 이해를 위한 심리학(공저)
교육심리의 이해(공저)
에니어그램: 성공하는 사람의 성격 관리(공역)
에니어그램: 지능(공역)
영재교육과정 연구(공역)
(영재의) 사회 · 정서적 문제, 미성취, 상담(공역)
초등학생용 갈등해결활동 프로그램(공역)

✍ 정혜승

한국영상대학교 유아교육과 교수

한국교원대학교 대학원 유아교육학과 박사과정

유아 다문화교육의 이해 -이론과 실제-

초판인쇄 2013년 7월 30일
재판발행 2014년 8월 25일

2014. 8.

저 자 성용구 · 송의열 · 정혜승
발행인 김현태
발행처 태영출판사

주 소 (152-705) 서울 구로구 구로동 104-10 동남오피스텔 201호
전 화 02 · 839-3757, 839-3752
팩 스 02 · 837-3754
등 록 2005년 5월 30일 제12-421호
http://www.taeyeongbook.co.kr
E-mail tys2005@hanmail.net
ISBN 978-89-6302-120-1 93370
정 가 15,000원

NAVER 태영출판사

* 잘못 만들어진 책은 교환해 드립니다.